Theda Dessaules

ZAUBER DER ORIENTALISCHEN VOLLWERTKÜCHE

Über 150 Rezepte für 1001 Gelegenheiten

Originalausgabe

WILHELM HEYNE VERLAG
MÜNCHEN

HEYNE KOCHBUCH
07/4590

Copyright © 1989
by Wilhelm Heyne Verlag GmbH & Co. KG, München
Printed in Germany 1989
Umschlaggestaltung: Atelier Ingrid Schütz, München
Umschlagfoto: Fotostudio Teubner, Füssen
Innenfotos: Gunther Eimers, Hamburg
Satz: Schaber, Wels
Druck und Bindung: Ebner Ulm

ISBN 3-453-3850-9

INHALT

Vorwort 7

Grundlagen 9
  Die orientalische Küche 9
  Die Vollwerternährung 13
  Meine orientalische Vollwertküche 14
  Verwendete Gewürze, Kräuter und andere
  Zutaten von A bis Z 16
  Küchenzubehör 24
  Wichtige Hinweise zu den Rezepten 25

Salate 29
  Frischkostsalate und Salate aus gekochten
  Zutaten 29

Suppen 51

Gemüse 65
  Gemüse, gedünstet und gedämpft 71
  Gefülltes Gemüse 85
  Gemüse als Auflauf, Bratlinge und Klößchen ... 103

Getreide 113
  Getreide körnig gekocht 115
  Getreide mit Gemüse und Hülsenfrüchten ... 124
  Getreide als Braten, Bratlinge und Klößchen ... 135
  Nudeln 147

Hülsenfrüchte 153
  Hülsenfrüchte als Suppe, Püree und gewürzte
  Beilage 157
  Hülsenfrüchte mit Gemüse und als Aufläufe ... 162
  Hülsenfrüchte als Braten, Bratlinge und
  Klößchen 170

Saucen 181
Desserts 189
Gebäck 201
   Brot und pikantes Gebäck 201
   Kuchen und Kleingebäck 218
Register nach Sachgruppen 230
Alphabetisches Register 234

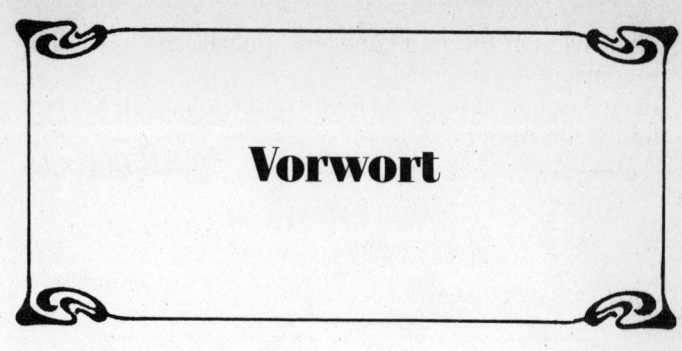

Vorwort

Durch die Familie meines ägyptischen Schwagers sowie durch türkische und persische Freunde machte ich schon früh mit der orientalischen Küche Bekanntschaft. Wegen ihrer interessanten Geschmacksrichtung spielte sie bei uns eine größere Rolle als die deutsche Küche. Als wir vor etwa zehn Jahren unsere Ernährung umstellten, begann ich deshalb, die ›Hits‹ unserer orientalischen Küche in vollwertige Varianten abzuändern. Der Erfolg in der eigenen Familie und bei Gästen motivierte mich, diesen Weg weiter zu verfolgen.
Ich befragte Verwandte und Freunde, holte mir Ideen und Anregungen in Restaurants und studierte Kochbücher.
Inzwischen hat die Vollwerternährung zahlreiche Anhänger gefunden. Ebenso ist das Interesse für ausländische Küche gewachsen. Mit diesem Buch hoffe ich nun, denjenigen, die mit der Vollwertküche bereits Erfahrung haben, Anregungen geben zu können, noch abwechslungsreicher zu kochen und die Anhänger fremdländischer Kochkunst für die Vollwertküche zu interessieren.
Zunächst erfahren Sie, was die orientalische Küche beinhaltet. Der Abschnitt »Meine orientalische Küche« informiert Sie über Vollwerternährung allgemein und dar-

über, wie ich die traditionellen orientalischen Gerichte modifiziert habe.
Ich wünschen Ihnen viel Freude und Erfolg beim Kochen und guten Appetit.

Theda Dessaules

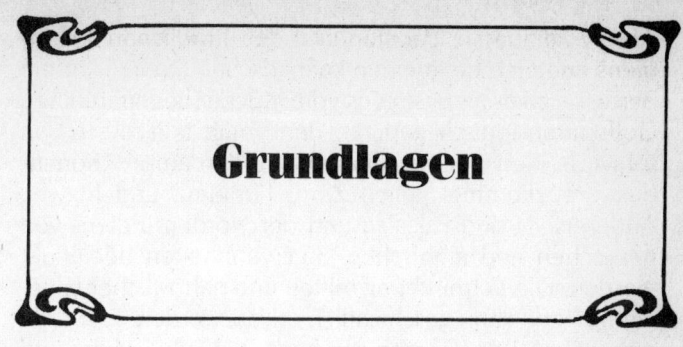

Grundlagen

Die orientalische Küche

Die geographische Lage

Welche Länder zum Orient gezählt werden, ist nicht eindeutig definiert. Im engeren Sinne gehören dazu die Länder des Nahen Ostens: Türkei, Syrien, Libanon, Israel, Jordanien, Ägypten, Saudi-Arabien, Jemen, Oman, Vereinigte Arabische Emirate und der Irak. Auch Griechenland, der Iran und Teile der Sowjetunion können zugeordnet werden, sind aber umstritten.

Da die griechische Küche sehr große Ähnlichkeit mit der türkischen zeigt, griechische Speisen oft einen türkischen Namen tragen, zähle ich diese Küche im kulinarischen Sinne dazu. Am Rande sei hier bemerkt, daß die Türken und die Griechen darüber streiten, welche von beiden die ursprünglichere ist.

Persien habe ich ebenfalls mit einbezogen, weil es die arabischen Länder sehr stark beeinflußt hat.

Im weiteren Sinne zählen zum Orient auch der Mittlere Osten mit Afghanistan, Pakistan, Sri Lanka, Indien, Bangladesch und Bhutan sowie der Ferne Osten mit den Ländern und Inseln Asiens, zum Beispiel China, Japan, Indonesien.

Auch Afghanistan, Pakistan und den nördlichen Teil Indiens habe ich bei meinen kulinarischen Streifzügen mit berücksichtigt. Einerseits ist die Küche der arabischen Golfstaaten indisch geprägt, denn man tauschte schon sehr früh Gewürze mit dem Osten: Kardamom, Koriander, Kreuzkümmel gegen Zimt, Kurkuma und Ingwer. Andererseits sind Pakistan und der Norden Indiens von persischen und arabischen Eßgewohnheiten beeinflußt worden. Die Vermischung mittel- und nahöstlicher Eßgewohnheiten kann geschichtlich erklärt werden. Es würde hier jedoch den Rahmen sprengen, die Entwicklung und Verwandtschaft der Küchen im einzelnen zu verfolgen. Nur soviel: Ein wesentlicher Einfluß ging von den Mogulen (mongolische Horden) aus, die bereits im 8. Jahrhundert bis Pakistan vordrangen, sich im 13. Jahrhundert weiter ausbreiteten und im 16. Jahrhundert in Indien vorherrschten. Sie brachten neue Zutaten mit, sowohl türkisch-arabische als auch persische, und belebten die einheimische Küche. Im Norden Indiens entwickelte sich daraus die berühmte »Mogulenküche« mit sehr aromatischen, fantasievoll und raffiniert gewürzten Speisen. Die Küche Nordindiens unterscheidet sich wesentlich von der Südindiens, die schärfer ist und in der Reis mehr Bedeutung hat.

Das von mir bearbeitete kulinarische Gebiet erstreckt sich somit von Griechenland bis Nordindien. Trotz nahöstlicher und mittelöstlicher Verwandtschaft muß eingeräumt werden, daß einmal die Länder des Vorderen Orients und andererseits Pakistan/Nordindien jeweils eine kulinarische Einheit für sich bilden. Zwar entwickelten sich regionale und typische Speisen; von vielen Gerichten sind aber so zahlreiche Varianten bekannt, das gilt insbesondere für den Vorderen Orient, daß das Ursprungsland nicht auszumachen ist. Dies ist auch der Grund dafür, daß ich meist darauf verzichtet habe, ein bestimmtes Gericht einem Land zuzuordnen.

Gemeinsamkeiten der orientalischen Küche

Die orientalische Küche ist keine komplizierte Küche, die, von einigen wenigen Ausnahmen abgesehen, besondere Zubereitungstechniken notwendig macht. Es werden auch keine besonderen Zutaten benötigt. Herkömmliche, uns bekannte Grundnahrungsmittel, werden auf neue Art zubereitet, kombiniert und gewürzt. Hier muß erwähnt werden, daß auch für traditionelle Speisen längst keine Einigkeit darüber besteht, wie diese zubereitet werden müssen. Es gibt erst in jüngerer Zeit schriftliches Material; die Rezepte sind in der Regel mündlich überliefert worden. Jede Köchin hat ihre Geheimnisse. Es gibt nicht *das* Rezept und eine bestimmte einzuhaltende Anweisung. Ein und dasselbe Gericht schmeckt nie gleich. Die orientalische Küche läßt Improvisation zu und erlaubt kulinarische Kreativität.

Was das Würzen der Speisen betrifft, so spielen, mit Ausnahme von Petersilie, Dill und Minze, die reichlich verwendet werden, andere Kräuter kaum eine Rolle. Lediglich in Griechenland und in der Türkei würzt man auch mit den typischen Mittelmeerkräutern, wie zum Beispiel Thymian und Origano.
Für das Aroma der Gerichte sind vor allem die Gewürze wichtig: Kardamom, Zimt, Nelke, Koriander, Kreuzkümmel, Paprika, Kurkuma, Piment und Muskat. Sie sind es, die einem Gericht den typisch orientalischen Geschmack geben. In der Kombination dieser Gewürze sind die Inder mit ihrer Mogulen-Küche wahre Meister.
Zum Aromatisieren werden auch häufig Nüsse eingesetzt. Zahlreiche Gerichte des Nahen Ostens werden mit frisch gepreßtem Zitronensaft abgeschmeckt. Nicht zu vergessen ist Knoblauch!

Die orientalische Küche ist zum großen Teil eine vegetarische Küche. Dies zeigt sich leider selten auf den Speisekarten orientalischer Restaurants in Deutschland. Ab-

gesehen von religiösen Gründen, die für bestimmte indische Gruppen gelten, spielt Fleisch aus wirtschaftlichen Gründen eine untergeordnete Rolle. Es ist Fest- und Feiertagen sowie besonderen Anlässen vorbehalten.
Hauptnahrungsmittel ist Getreide, oder genauer gesagt: Brot. Die Orientalen des Nahen Ostens sind überwiegend Brotesser. Ein Essen ohne Brot ist undenkbar und unvollständig. Das Brot wird meistens aus Weizen gebacken, wobei heute vielfach noch ganz oder teilweise Vollkornmehl verarbeitet wird. Üblich sind Fladenbrote in allen Stärken und Größen. In weiten Teilen des Orients, in Indien, Afghanistan, im Irak und in Iran werden diese Brote noch an den Innenwänden eines brunnenähnlichen Lehmofens (indisch »Tandoor«, persisch »Tannoour« genannt) gebacken.
Reisgerichte spielen selbstverständlich auch eine große Rolle.
Hülsenfrüchte kommen als Püree, als Bratlinge, als Salat auf den Tisch oder bilden mit Frischgemüse einen schmackhaften Eintopf. Man findet sie, mit Getreide vermischt, nicht selten auch als Füllung in Gemüse wieder.
Frischgemüse wird immer marktfrisch besorgt und zubereitet. Die meisten der dort verwendeten Gemüse sind auch bei uns heimisch: zum Beispiel Möhren, Rettich, grüne Bohnen, Spinat, Gurken, Tomaten, Zwiebeln, Blumenkohl, Zucchini, Kürbis, Lauch. Zwiebeln sind besonders beliebt. Kaum ein Gericht, welches ohne Zwiebeln zubereitet wird.
Gemüse ist niemals nur Beilage. Die orientalische Küche kennt viele delikate Gemüseeintöpfe, die gemeinsam mit Brot eine vollständige Mahlzeit ergeben. Beliebt und berühmt sind die raffiniert gefüllten Gemüse, die auf keinem Festtagstisch fehlen dürfen. Auch wird Gemüse häufig als Salat gereicht. Hierfür werden gerne Paprika, Tomaten, Gurken, Zwiebeln und Weißkohl verwendet.
Bei einer Mahlzeit darf in der Regel auch Joghurt nicht fehlen. Er wird zu Salat, zu Gemüse, zu Reis und zu Hül-

senfrüchten gegessen. Meist wird Joghurt, wenn überhaupt, nur ganz leicht gesalzen oder mit Knoblauch und Minze gewürzt. In Indien werden auch saucenähnliche Joghurtsalate gegessen, die etwas mehr gewürzt, aber immer noch recht mild sind. Sie werden als Dip gereicht, um scharfes Essen zu mildern. Viele Gerichte, insbesondere türkische, werden unmittelbar vor dem Servieren mit Joghurt übergossen (eingedeckt). Darüber hinaus bindet man Saucen mit Joghurt oder schmort Fleisch in Joghurt.
Die Palette der Joghurtverwendung wird durch Joghurtsuppen und Joghurtdesserts noch ergänzt. Joghurt ist aus der orientalischen Küche nicht wegzudenken.
Typisch orientalisch ist schließlich, daß gewöhnlich alle Gerichte einer Mahlzeit gleichzeitig auf den Tisch kommen. Es wird keine Reihenfolge für den Verzehr vorgeschrieben. Üblich ist jedoch, daß Salat in der Regel zuerst, sozusagen als Appetitanreger gegessen wird.

Die Vollwerternährung

Die Ernährungswissenschaftler Leitzmann, von Kürten und Männle haben die Vollwerternährung in der sogenannten »Gießener Formel« wissenschaftlich definiert. In Anlehnung daran möchte ich sie wie folgt umschreiben:

- Vollwerternährung ist eine Ernährungsweise, in der ernährungsphysiologisch wertvolle Lebensmittel schmackhaft und abwechslungsreich zubereitet werden.
- Sie besteht vornehmlich aus Vollgetreide, Gemüse und Obst sowie aus Milch und Milchprodukten.
- Die Lebensmittel werden so wenig wie möglich be- und verarbeitet. Ein hoher Anteil (etwa die Hälfte) der Lebensmittel wird als Frischkost (unerhitzte Kost) verzehrt.
- Lebensmittel aus biologischem Anbau werden bevorzugt.

- Fleisch, Eier und Fisch können als gelegentliche Zugabe verwendet werden.
- Gemieden werden isolierte und raffinierte Produkte (z. B. Auszugsmehle, gehärtete Fette, Zucker).

Ziele einer solchen Vollwerternährung sind zum einen individuell gesundheitlich ausgerichtet: der Körper soll mit allen lebensnotwendigen Inhaltsstoffen optimal versorgt werden.
Dies ist die Voraussetzung für die bestmögliche körperliche und geistige Entwicklung und Leistungsfähigkeit sowie für die Ausbildung von Abwehrkräften und für die Gesunderhaltung.
Ergänzt werden diese Ziele durch gesellschaftliche (ökologische, ökonomische und sozial/weltpolitische): Senkung der Kosten im Gesundheitswesen, Schonung der Umwelt (Boden, Wasser, Energie), Vermeidung von Veredelungsverlusten, gerechte Verteilung begrenzter Rohstoffe/Lebensmittel.
Wer sich weitergehend mit diesem Thema auseinandersetzen möchte, dem empfehle ich für den Einstieg die Broschüre »Vollwerternährung zum Überleben« vom Verband Unabhängiger Gesundheitsberater, Ardes-Verlag Gießen, und zur Vertiefung »Vollwert-Ernährung. Grundlagen einer vernünftigen Ernährungsweise« von v. Körber, Männle, Leitzmann, Haug-Verlag Heidelberg.
Weitere Informationen zu Getreide, Gemüse und Hülsenfrüchten finden Sie im jeweiligen Rezeptteil.

Meine orientalische Vollwertküche

Die orientalische Küche entspricht noch wesentlich mehr den Kriterien der Vollwerternährung als die durchschnittliche traditionelle westeuropäische Küche, in der heute 80 % der zum Verzehr gelangenden Lebensmittel in irgendeiner Weise industriell be- und verarbeitet sind. In der orientalischen Küche dagegen wird verarbeitet, was der Markt frisch anbietet. Nicht erfüllt, oder nur noch zum Teil erfüllt, wird auch dort das Prinzip, Vollgetreide zu verzehren. Auch sind die Zubereitungs- und Kochmethoden nicht immer schonend. Und der Fettanteil in den Gerichten erscheint mir etwas zu reichlich bemessen.

Wenn es darum geht, bei uns orientalisch vollwertig zu kochen, versteht es sich von selbst, weitgehend auf Lebensmittel zu verzichten, die einen hohen Aufwand an Transportkapazität, Kühlvorrichtung und Verpackung verursachen, möglicherweise noch aus Dritte-Welt-Ländern kommen.

Im Hinblick auf die notwendigen Gewürze müssen allerdings gewisse Einschränkungen gemacht werden. Wer entwicklungspolitische Aspekte berücksichtigen möchte, kann die Gewürze in Dritte-Welt-Läden besorgen. Dort werden Gewürze verkauft, die die GEPA direkt von den Genossenschaften und Selbsthilfegruppen der Kleinbauern importiert.

Das Ziel meiner orientalischen Vollwertküche soll nicht sein, möglichst authentisch zu kochen. Vielmehr soll der Einfallsreichtum, mit dem Getreide, Gemüse und Hülsenfrüchte im Orient zubereitet werden, genutzt und die hiesige Vollwertküche um interessante Geschmacksrichtungen bereichert werden.

Meinen Rezepten liegen eine Reihe von Prinzipien zugrunde, die Abweichungen von den Originalrezepten bedeuten können:

1. Bis auf wenige Ausnahmen und mit Hilfe heutiger Küchengeräte und etwas Planung sind die Gerichte in relativ kurzer Zeit zuzubereiten.
2. Es werden einheimische Produkte bevorzugt.
3. Die angegebenen Gewürze und Zutaten sind problemlos in Reformhäusern, in Naturkostläden, beim Gemüsehändler oder sogar im Supermarkt erhältlich.
4. Die angegebenen Gewürzmengen sind so bemes-

sen, daß sie den Eigengeschmack der Lebensmittel nicht überdecken und nicht als zu fremdartig oder als unangenehm empfunden werden (aus diesem Grund war ich bei Kreuzkümmel und Cayennepfeffer zurückhaltend).
5. Schonende, küchentechnische Verarbeitung (zum Beispiel werden Knoblauch und Ingwer nicht, wie üblich, gebraten und mitgekocht, sondern dem Gericht erst zum Schluß zugegeben).

In Hinblick auf ihre Authentizität lassen sich die Rezepte sehr unterschiedlich beurteilen. Es gibt Rezepte für Speisen, die weitgehend den traditionellen Gerichten entsprechen (z. B. Gefüllte Weinblätter, s. Seite 97), Kichererbsensalat, s. Seite 45). Andere Speisen wurden gewürzmäßig europäisiert. Eine ganze Reihe von orientalischen Gerichten sind mit Rücksicht auf einheimische Früchte, Gemüse und europäische Eßgewohnheiten (Braten) stärker abgeändert worden. Dabei wurde darauf geachtet, daß der typisch orientalische Charakter nicht verlorengeht.

Verwendete Gewürze, Kräuter und andere Zutaten von A bis Z

Allgemeines

Die in meiner orientalischen Vollwertküche verwendeten Gewürze, Kräuter und sonstigen Zutaten gibt es bei uns überall zu kaufen: in Reformhäusern, Naturkostläden oder Supermärkten.
Auf Zutaten, die im allgemeinen nur in Spezialgeschäften erhältlich sind, wie zum Beispiel Tamarinde, Teufelsdreck, Sumach, Bockshornklee und Garam Masala, habe ich bewußt verzichtet. Ich habe auch davon abgesehen, ein Rezept für die Gewürzmischung Garam Masala zu

bringen, da ich davon ausgegangen bin, daß Sie nicht täglich mittelöstlich speisen werden, und unter diesen Bedingungen die Gewürzmischung zu lange stehen und an Aroma verlieren würde.

In den Rezepten sind jeweils die einzelnen Gewürze angegeben. Falls Sie Curry vermissen: er wird in der orientalischen Küche nicht verwendet.

Für Gewürzskeptiker sei hier noch gesagt, daß Gewürze, in normalen Mengen gegessen, nicht schädlich sind. Im Gegenteil, sie aromatisieren nicht nur die Speisen, sondern haben gesundheitsfördernde und sogar milde Heilwirkung. Sie besitzen appetitanregende (z.B. Kardamom, Ingwer), verdauungsfördernde Eigenschaften (z.B. Koriander, Senf), wirken Blähungen entgegen (z.B. Fenchel) und entfalten eine antibakterielle Wirkung (z.B. Kurkuma).

Für den Umgang mit Gewürzen noch ein paar Tips:

- Kaufen Sie nur kleine Mengen, insbesondere dann, wenn Sie die Gewürze in Pulverform kaufen wollen/müssen.
- Kaufen Sie, wenn möglich, einige Gewürze, wie Kardamom, Muskat, Pfeffer, unzerkleinert und mahlen Sie diese bei Bedarf selber. Der Unterschied zwischen frischgemahlenem und in Pulverform gekauftem ist enorm. Kleine Mengen können im Mörser pulverisiert werden. Für größere Mengen eignet sich Omas Kaffeemühle hervorragend, sie sollte dann allerdings ausschließlich für diesen Zweck verwendet werden.
- Bewahren Sie die Gewürze luftdicht und vor Lichteinflüssen geschützt auf.
- Gewürze sollen vielfach kurz in Fett angeschmort (-geschwitzt) werden. Für gemahlene Gewürze reichen dabei wenige Sekunden aus.

Die Zutaten im einzelnen

Basilikum
schmeckt süßlich, getrocknet auch würzig-pfeffrig. Wird in der orientalischen Küche nur selten verwendet (hauptsächlich in der türkischen, griechischen und wenig in der indischen Küche).

Bohnenkraut
würzt pfeffrig, intensiv. Spielt nur in der Küche der Mittelmeerländer eine Rolle.

Cayennepfeffer (Chili-Pulver)
wird aus den reifen, getrockneten, roten Chili-Schoten gewonnen. Er ist sehr scharf und deshalb äußerst sparsam zu verwenden! Man sollte ihn nicht mit dem mexikanischen Chili-Pulver verwechseln, das mit Kreuzkümmel vermischt ist.

Dill
stammt vermutlich aus dem Vorderen Orient und wird dort reichlich verwendet. Er hat einen intensiveren Eigengeschmack als Petersilie und sollte wie diese immer frisch verwendet werden. Läßt sich gut einfrieren.

Fenchel
hat einen charakteristischen Geschmack, anisähnlich, aber weniger süßlich. Die Samen sind ganz oder gemahlen erhältlich.

Fette und Öle
sind je nach Verwendungszweck unterschiedlich einzusetzen. Empfohlen werden in der Vollwerternährung:

- für Frischkost (z.B. Salate): alle kaltgepreßten (unraffinierten) Öle
- zum Braten: ungehärtetes Kokosfett
- zum Kochen, Dünsten und Backen: Butter, ungehärtete Pflanzenmargarine oder kaltgepreßte Öle, wie z.B. Sonnenblumenöl, Sesamöl

Butterschmalz kann zum Braten verwendet werden, wenn niedrige Temperaturen (bis 150°C) und kurze Bratzeiten eingehalten werden.

Gekörnte Brühe
ist eine Speisewürze. Ich bevorzuge eine auf pflanzlicher Basis. Im Handel wird dieses Würzmittel, das neben der vegetabilen Würze, Salz, Hefeextrakt und zum Teil Trockengemüse enthält, auch als Hefebrühe oder Gemüsebrühe angeboten (Salzgehalt etwa 40 %).

Ingwer
ist für die nordindische Küche nahezu unentbehrlich und auch in den übrigen orientalischen Staaten ein wichtiges Gewürz. Verwendet wird die frische Wurzel. Frischer Ingwer hat einen erfrischend pikant-scharfen Geschmack. Für die Verwendung wird die geweihartig verzweigte Wurzel geschält und dann geraspelt oder fein gehackt. Zur Bevorratung läßt sie sich problemlos einfrieren. Die jeweils benötigte Menge kann dann auch in gefrorenem Zustand geraspelt werden. Im Handel gibt es auch Ingwerpulver von getrockneten Wurzeln. Es schmeckt völlig anders: dumpf, viel schärfer und kann frischen Ingwer nicht ersetzen.

Joghurt
wird in orientalischen Ländern in der Regel nicht aus Kuhmilch, sondern aus Büffel-, Schafs- oder Ziegenmilch zubereitet. Er ist wesentlich fetter und fester. In den Rezepten wird deshalb zum Teil Joghurt durch saure Sahne oder durch ein Gemisch aus saurer Sahne und Joghurt ersetzt. In süßer Form wird Joghurt kaum verzehrt.
Joghurt, der in ½-Liter-Bechern angeboten wird, ist vom Geschmack her und aus ökologischen Gründen zu bevorzugen.

Kardamom
ist nach Safran das teuerste Gewürz. Das eigentliche Gewürz befindet sich in den Kardamomkapseln, die hier

leider immer noch zu selten angeboten werden. Gemahlen verliert Kardamom schnell an Aroma. Er schmeckt süßlich-scharf. In den arabischen und mittelöstlichen Ländern wird er im Gegensatz zur hiesigen Küche vorwiegend für pikante, salzige Speisen verwendet. In Afghanistan würzt man mit ihm den Tee, in Saudi-Arabien, das den höchsten Pro-Kopf-Verbrauch an Kardamom aufweist, auch Kaffee.

Knoblauch
ist ein Grundgewürz der orientalischen Küche. Der scharfe, aufdringliche Geruch und das süßliche, intensive Aroma stammen von den schwefelhaltigen ätherischen Ölen. Geschätzt wird er wegen seines Geschmacks und seiner gesundheitsfördernden Eigenschaften. Er wirkt antibakteriell und entzündungshemmend und soll die Stoffwechselfunktion verbessern. Um den unangenehmen Mundgeruch zu vermeiden, empfiehlt es sich, den Knoblauch in Öl zu pressen, bevor man ihn den Speisen zusetzt. Zur Verminderung des Geruchs wird auch vorgeschlagen, Nelken oder Kardamom zu kauen.

Koriander
hat einen süßlichen, nußartigen Geschmack. Als eines der wichtigsten Gewürze ist er in ganzen Körnern oder gemahlen erhältlich. Häufig werden auch die frischen Blätter genommen. Das Korianderkraut ähnelt im Aussehen der Petersilie und wird entsprechend verwendet, ist aber strenger und schärfer im Geschmack. Es wird bei uns sehr selten angeboten und in den Rezepten durch Petersilie ersetzt.

Kresse
verwendet man für Salate. Jene Kresseart, die in den arabischen Ländern verbreitet ist, ähnelt der Brunnenkresse. In den Rezepten wird sie durch Gartenkresse ersetzt, die in Keimgeräten gezogen werden kann.

Kreuzkümmel
ist auch unter dem Namen Mutterkümmel oder Cumin bekannt und darf nicht mit dem normalen Kümmel verwechselt werden. In der orientalischen Küche wird er viel verwendet. Wegen seines starken, fast aufdringlichen Geschmacks sollte man ihn sparsam einsetzen. Die Samen sind ganz oder gemahlen erhältlich.

Kümmel
verwendet man im Orient seltener als bei uns. Er hat einen typischen, intensiven Geschmack.

Kurkuma (Gelbwurz)
ist als orange-gelbes Pulver erhältlich. Mit Kurkuma würzt und färbt man. Als billiges Gewürz wird es in pikanten Speisen auch an Stelle von Safran eingesetzt, unterscheidet sich aber im Geschmack. Es schmeckt ingwerähnlich, herb, scharf. Sein Aroma geht beispielsweise in Sahnesaucen etwas verloren.

Minze
darf nicht mit der üblichen mentholreichen Pfefferminze, die im Geschmack ganz anders ist, verwechselt werden. Gemeint ist hier grüne Minze (*mentha spicata* oder *mentha viridis*). Sie schmeckt süßlich-frisch und ist für die orientalische Küche nahezu unentbehrlich. Obwohl sie fast überall in Europa wächst, wird sie frisch kaum angeboten. Minze wird nicht mitgekocht, sondern immer erst nach dem Garprozeß zugegeben. Eventuell kann die Minze in etwas Butter angedünstet werden.
Für getrocknete Minze, auf die man im allgemeinen zurückgreifen muß, empfiehlt es sich, sie zwischen den Fingern oder im Mörser zu zerreiben. So kommt das Aroma besser zur Entfaltung.

Muskat
schmeckt bitter und scharf und wird meist mit anderen Gewürzen, wie Pfeffer, Zimt, Nelke, Kardamom, eingesetzt. Gemahlen verliert er schnell an Aroma. Kaufen Sie

möglichst ganze Muskatnüsse und reiben Sie die jeweils benötigte Menge frisch ab.

Nelken
sind getrocknete Blütenknospen. Sie sind ganz oder gemahlen erhältlich. Wegen ihres brennend-würzigen, intensiven Geschmacks nur sparsam verwenden!

Origano
ist als typisches Mittelmeergewürz nur selten frisch zu kaufen. Man schätzt ihn in der griechischen Küche.

Paprikapulver
wird aus den getrockneten, gemahlenen Schoten gewonnen. Unterschieden wird je nach Schärfegrad: Delikateßpaprika (mild), Edelsüß-Paprika (mild bis mittelscharf), Rosenpaprika (scharf).
Ich bevorzuge den aromatischen Delikateßpaprika. Sie können jedoch auch den Edelsüß-Paprika einsetzen.
Für türkische Speisen wird Paprika in zerlassene Butter eingerührt und diese Mischung dann über die fertige Speise gegeben.

Petersilie
wird insbesondere in der Küche des Nahen Ostens reichlich verwendet. In der Regel nimmt man die glattblättrige, die einen intensiveren und volleren Geschmack aufweist als die dekorativere krause Petersilie.

Pfeffer
schätzt man als Allerweltsgewürz. Er kann in Form ganzer Körner oder gemahlen gekauft werden. Schwarzer Pfeffer entsteht aus den grün geernteten Beeren, weißer Pfeffer aus den reifen und geschälten Beeren. In meiner Küche verwende ich den würzigen, schwarzen Pfeffer, immer frisch gemahlen.

Piment
riecht und schmeckt wie ein Gemisch aus Nelken, Pfeffer, Zimt und Muskat. Es ist Bestandteil vieler Gewürzmi-

schungen. Wird auch bei verschiedenen Reisgerichten verwendet.

Rosmarin
ist, wie Origano, ein typisches Mittelmeergewürz. Er wird sparsam in der türkischen und griechischen Küche verwendet.

Safran
ist das teuerste Gewürz. Er verleiht den Speisen ein strenges, bitter-süßes Aroma und eine orange-gelbe Farbe. Erhältlich ist Safran als Pulver oder in Fadenform. In Süßspeisen kann er nicht durch Kurkuma ersetzt werden.

Salz
ist bei uns als normales Speisesalz, Vollmeersalz, Kräutersalz und Jodsalz erhältlich. In der Vollwerternährung wird allgemein Meersalz bevorzugt. Wichtig ist, Salz möglichst sparsam einzusetzen.

Schafskäse
ist ein halbfester Käse, der ursprünglich in Griechenland nur aus Schafs- oder Ziegenmilch hergestellt wurde. Eine ähnliche Käseart gibt es in der Türkei und im Iran. Er wird heute auch aus einer Mischung von Schafs- und Kuhmilch gewonnen und hat einen salzig-säuerlichen Geschmack. Erhältlich ist auch deutscher Schafskäse.

Senfkörner
werden für die indische Küche benötigt. Verwendet werden die schwarzen Senfkörner. Notfalls können sie auch durch die gelben Senfkörner, die milder im Geschmack sind, ersetzt werden. Damit sich das Aroma entwickelt, brät man sie kurz in Fett an, bis sie platzen.

Sesampaste
wird aus Sesamkörnern hergestellt. Je nachdem, ob man geschälte oder ungeschälte Sesamkörner als Ausgangspunkt nimmt, erhält man ein helleres oder dunkleres Mus. Intensiver schmeckt das dunklere. Ersatzweise kön-

nen Sesamkörner mit etwas Wasser im Mixer püriert werden.

Thymian
ist eines der wenigen Kräuter, das auch in der orientalischen Küche verwendet wird. Das würzige Kraut kommt hauptsächlich in der griechischen und türkischen Küche vor.

Zimt
schmeckt süßlich-würzig. Ceylonzimt (Caneel) ist mild, Chinazimt (Cassia) derber und bitterer im Geschmack. Zimtstangen sind die aufgerollten Rindenstücke. Zimtpulver sind gemahlene Zimtstangen.
In der orientalischen Küche wird Zimt seltener für süße Gerichte verwendet. Eingesetzt wird er in der Regel zum Würzen von Gemüse-, Hülsenfrucht-, Fleisch- und Reisgerichten.

Küchenzubehör

Die normale Grundausstattung einer Küche mit Töpfen, Pfannen, Messern, Küchenwaage und Knoblauchpresse ist für viele Gerichte ausreichend. Zusätzliche Geräte sind nur für wenige der folgenden Zubereitungen notwendig, erleichtern jedoch die Arbeit und sparen Zeit.
Richtig ist, daß orientalische Küchen sicherlich nicht mit modernen Geräten ausgestattet sind. Aber wer hat noch die Zeit und die Ausdauer, zum Beispiel Nüsse oder Hülsenfrüchte mit dem Stößel zu zerkleinern oder zu pürieren.

Getreidemühle:
Der Kauf sollte gut überlegt werden. Es gibt Getreidemühlen in Preislagen von DM 100,— bis über 1000,—. Es gibt sie mit Stahl- oder Steinmahlwerk. Es gibt Handmühlen, Elektromühlen und Mahlvorsätze für Küchenmaschinen. Lassen Sie sich beraten. Gute Dienste beim

Vergleich der Mühlen leistet das »Handbuch der Haushaltsgetreidemühlen« vom Verlag »Natürlich und Gesund«, Stuttgart.

Solange Sie noch keine eigene Getreidemühle besitzen, lassen Sie sich die entsprechende Menge im Reformhaus oder im Naturkostladen mahlen. Verbrauchen Sie das Gemahlene möglichst bald. Es wird nämlich ranzig, verliert an Aroma und an Inhaltsstoffen.

Handmixer bzw. Küchenmaschine:
Der Handmixer mit Quirl, Knethaken und Pürierstab ist meist ausreichend und hält sich preislich im Rahmen.
Eine komplette Küchenmaschine mit Mixer ist selbstverständlich noch universeller einsetzbar, aber nicht notwendig.

Rohkostreiben bzw. Schnitzelwerk:
Für das Zerkleinern von Gemüse reicht eine Vierkantreibe aus. Empfehlenswert ist eine kleine Handmühle (Reibe-Mouli) mit verschiedenen Trommeleinsätzen. Damit lassen sich auch Nüsse und Käse zerkleinern/raspeln.
Für größere Mengen ist ein Schnitzelwerk mit verschiedenen Einsätzen ideal. Es gibt Zusatzgeräte für Handmixer und Küchenmaschinen.

Mörser und Stößel:
Damit können Sie kleine Mengen Gewürze zerstoßen oder pulverisieren und getrocknete Kräuter zerreiben. Er sollte aus Steingut oder Marmor sein.

Wichtige Hinweise zu den Rezepten

Alle Rezepte sind, wenn nicht anders vermerkt, für 4 Personen berechnet. Mengenmäßig wurde dabei von zwei Gerichten (einem Frischkostsalat und einem Hauptgericht) ausgegangen. Wenn Sie zusätzlich noch eine Suppe oder eine Nachspeise reichen, werden die Portionen eher zu groß sein. Wenn Ihnen einige Gerichte von der Menge her zu klein erscheinen, berücksichtigen Sie bitte, daß zu vielen Speisen Brot gereicht wird oder gereicht werden kann.

Alle Mengenangaben beziehen sich auf geputztes Gemüse. Es wurde darauf verzichtet, die Vorbereitungsarbeiten für Gemüse (Waschen, Putzen, Schälen) in den einzelnen Rezepten näher zu beschreiben. Sie finden Wissenswertes und Nützliches darüber im Einleitungsteil des Kapitels »Gemüse«.

Desgleichen wurde davon abgesehen, Zubereitungszeiten für die einzelnen Gerichte anzugeben. Einmal, weil Hilfsmittel (wie z.B. ein Schnitzelwerk) die Zeiten wesentlich beeinflussen können, zum anderen, weil sich für ein Menü ohnehin die Zubereitungszeiten nicht durch Addition der Zeiten ergeben, die für ein einzelnes Gericht angesetzt sind. Wenn Sie ein Gericht/Menü kochen, empfiehlt es sich, die Rezepte vorher gut durchzulesen und einen Zeitplan aufzustellen. Sie finden in den Rezepten jedoch Hinweise, wenn längere Zubereitungszeiten (z.B. Einweich-, bzw. Ruhezeiten) zu beachten sind. Als Richtwerte können für die Zubereitung von Frischkost 10—20 Minuten, für Gemüse 30—60 Minuten (10—20 Minuten für die Vorbereitung und 15—30 Minuten für das Garen) eingeplant werden.

Die angegebenen Garzeiten verstehen sich als Ungefährzeiten. Sie variieren nach Sorte, Größe und Alter zum Beispiel von Gemüse. Auch die benötigte Wassermenge für das Dünsten kann nur grob angegeben werden. Denn die Flüssigkeitsmenge hängt ab von der Topfgröße sowie davon, wie gut ein Topf schließt und wie schnell die Hitze heruntergeschaltet wird.

Bei den Backwaren, insbesondere für Hefeteig, können sich Abweichungen von der angegebenen Flüssigkeitsmenge ergeben, weil die Beschaffenheit des Mehles (Mahlfeinheit, Konsistenz), die Qualität (Kleberanteil)

und der Feuchtigkeitsgehalt des Getreides die Menge beeinflussen.
Für das Backen und Garen im Backofen müssen Abweichungen wegen der unterschiedlichen Heiztemperaturen der Öfen einkalkuliert werden. Außerdem kann auch noch das Material der Back- und Auflaufformen den Back- und Garprozeß beeinflussen.

Zwar habe ich mich im allgemeinen bei den Rezeptzutaten für Gewichtsangaben entschieden, da ich die Begriffe wie »eine Handvoll«, »ein Bündel«, »groß« oder »klein« für zu unpräzise halte. Für geringe Mengen sind jedoch Löffel-Einheiten zweckmäßiger als Gewichtsangaben.

Es entsprechen:

1 Eßlöffel Rosinen = 20 g
1 Eßlöffel Öl = 10 g
1 Eßlöffel Butter = 15 g
1 Eßlöffel Honig = 30 g
1 Eßlöffel Mehl = 20 g
1 Eßlöffel Grieß = 15 g
1 Tasse Wasser = 150 g

Benutzte Abkürzungen in den Rezeptangaben sind:

TL = Teelöffel
EL = Eßlöffel
Msp = Messerspitze

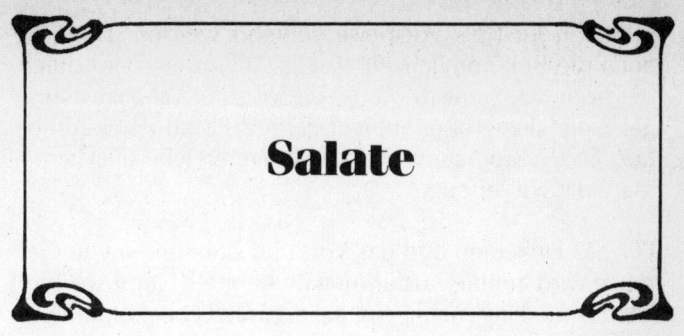

Salate

Frischkostsalate und Salate aus gekochten Zutaten

Frischkostsalate

Etwa die Hälfte der täglichen Nahrungsmenge sollte aus unerhitzter Kost (Frischkost) bestehen. Innerhalb der Frischkost spielen Gemüse und Obst eine große Rolle. Einmal, weil der größte Teil ideal in frischer, unerhitzter Form auf den Tisch kommen kann, zum anderen, weil Gemüse und Obst hohe Anteile an sekundären Pflanzenstoffen aufweisen, die zum Teil sehr hitzeempfindlich sind. Neben den lebensnotwendigen Vitaminen, die zu dieser großen Stoffgruppe gehören, gibt es eine Reihe von Substanzen, von denen gesundheitsfördernde und gesundheitserhaltende Wirkungen bekannt sind: z. B. positive Beeinflussung des Stoffwechsels, Anregung der Verdauung, Aktivierung unspezifischer Abwehrmechanismen des Körpers. Auch antibiotische Eigenschaften sind bekannt. Diese zum Teil sehr empfindlichen Inhaltsstoffe können in der unerhitzten Nahrung weitgehend erhalten und dem Körper zugeführt werden.

Damit die Inhaltsstoffe optimal vom Körper ausgenutzt werden können, sollte die Frischkost regelmäßig vor der erhitzten Kost als Vorspeise verzehrt werden. Dann ist auch die Bekömmlichkeit größer. Außerdem wird durch die hohe Sättigungswirkung, die von der Frischkost ausgeht, ein allzugroßer Hunger gebremst und einer zu hohen Energieaufnahme bei der energiereicheren Hauptmahlzeit vorgebeugt.

Für das Einkaufen und das Vor- und Zubereiten von Gemüse wird auf die Ausführung im Kapitel »Gemüse« hingewiesen. Hier noch ein paar zusätzliche Empfehlungen:
Bereiten Sie zuerst die Sauce zu, damit das zerkleinerte Gemüse und Obst sofort mit ihr vermischt werden kann. Das schützt die empfindlichen Inhaltsstoffe vor Licht- und Lufteinflüssen. Einmal legt das Fett einen Schutzfilm um die zerkleinerten Stücke, zum anderen sind die Inhaltsstoffe im sauren Millieu widerstandsfähiger.
Trotzdem sollten Sie den *Frischkostsalat möglichst erst kurz vor dem Verzehr zubereiten.*

In der orientalischen Küche werden für Frischkostsalate vorwiegend Paprika, Tomaten, Gurken, Zwiebeln und Weißkohl verwendet. Bekannt geworden sind bei uns in Deutschland vor allem der griechische Bauernsalat und der türkische Hirtensalat mit Schafskäse.
Gemüse wie Blumenkohl, rote Bete oder Knollensellerie, werden als Salat eher gekocht verzehrt, allerdings schmecken Blumenkohl und Knollensellerie auch roh sehr gut.
Traditionelle Salatrezepte für gekochtes Gemüse habe ich umgeändert (z. B. Rote-Bete mit Nüssen und Knoblauch, s. Seite 33, Spinatsalat, s. Seite 41). Einige Salatrezepte sind auch das Ergebnis »orientalischer Küchenkreativität«.
Gerne gegessen werden Mischsalate, die der Empfehlung, die tägliche Kost vielseitig zu gestalten (von Vielem wenig) entgegenkommt.

Blumenkohlsalat auf persische Art

Für die Sauce:
250 g Joghurt
2 EL Zitronensaft
1 Prise Salz
2 EL Öl

Für den Salat:
3 EL gehackte Petersilie
3 EL gehackter Dill
2 EL Kresse (wenn vorhanden)
500 g Blumenkohl
125 g Frühlingszwiebeln oder Lauch

Den Joghurt mit den übrigen Saucenzutaten cremig rühren. Die Kräuter in die Salatsauce mischen.
Den Blumenkohl grob raspeln. Die Frühlingszwiebeln mit dem Grün in zirka 1 cm breite Streifen schneiden, bzw. den Lauch in sehr feine Streifen zerteilen.
Die Sauce unterheben.

Radieschen mit Minze

Für die Sauce:
150 g Joghurt
1 EL Zitronensaft
1 TL getrocknete Minze, zerrieben
1 Prise Salz
1 Prise gemahlener Pfeffer
1 Spur Honig
2 EL Öl

Für den Salat:
2—3 Bund Radieschen (oder ersatzweise entsprechende Menge Rettich)
150 g Lauch
1 kleine Gurke
1 EL gehackte Petersilie

Den Joghurt mit den übrigen Zutaten zu einer glatten Sauce verschlagen.
Die Radieschen hobeln. Den Lauch in Streifen schneiden. Die Gurke würfeln.
Die Salatzutaten mit der Sauce vermischen und die Petersilie darüberstreuen.

Bunter Selleriesalat

Für die Sauce:
3 EL Zitronensaft oder
Obstessig
4 EL Wasser
1 Prise Salz
frischgemahlener Pfeffer
3 EL Öl

Für den Salat:
300 g Sellerie
150 g Lauch
200 g Tomaten
2 EL gehackte Nüsse
(Wal- oder Hasel-
nüsse)

Die angegebenen Saucenzutaten miteinander verrühren.
Den Sellerie raspeln und sofort in die Sauce geben. Den Lauch in Streifen (halbe Ringe) schneiden. Die Tomaten in Scheiben schneiden oder würfeln. Den Lauch und die Tomaten unter den Sellerie mischen.
Die Nüsse über den Salat streuen.

Grüner Salat mit Oliven

Für die Sauce:
3 EL Zitronensaft oder
Obstessig
1 EL Wasser
1 Prise Salz
frischgemahlener Pfeffer
1—2 Msp Paprikapulver
4 EL Öl

Für den Salat:
1—2 Köpfe Salat
1 kleine Stange Lauch
1—2 Stangen Sellerie
2 EL gehackte Kräuter
(Dill und/oder Petersilie)
12—16 Oliven

Alle Saucenzutaten miteinander verrühren.
Die Salatblätter in Streifen schneiden oder in mundgerechte Stücke zupfen. Den längs halbierten Lauch in Streifen und die Selleriestange in dünne Scheiben schnei-

Rote Bete mit Nüssen und Knoblauch ▷
(Rezept Seite 33) *und Türkisches Fladenbrot*
(Rezept Seite 207)

den. Alles mit der Salatsauce mischen. Die Kräuter zum Schluß unterheben.
Den Salat sofort servieren.

Rote Bete mit Nüssen und Knoblauch
(Foto Seite 32)

Rote-Bete-Salat ist in Griechenland sehr beliebt. Die rote Bete wird dort allerdings gegart verwendet. Die grünen Blätter verarbeitet man mit. Dazu serviert man eine Knoblauchsauce.
Hier meine Frischkost-Variante:

Für die Sauce:
4 EL Zitronensaft oder
Obstessig
2 EL Wasser
1—2 zerdrückte Knob-
lauchzehen
1 Prise Salz
4 EL Öl

Für den Salat:
500 g rote Bete
4 Blätter Kopfsalat
4 EL gehackte Nüsse
(Hasel- oder Walnüsse)

Die Zutaten für die Sauce gut verrühren.
Die rote Bete fein raspeln und in die Sauce geben. Die Salatblätter in feine Streifen schneiden, mit den Nüssen vorsichtig unter die rote Bete mischen.
Sofort servieren.

Variante:
Salatblätter durch Kresse ersetzen.

◁ *Tomatensuppe mit Banane* (Rezept Seite 57)

Sellerie-Broccoli-Salat

Für die Sauce:
*200 g Joghurt
1 Spur Honig
2 EL Zitronensaft
1 Prise Zimtpulver oder Piment
1 Prise Pfeffer
½ TL feingeraspelter frischer Ingwer (nach Belieben)
2 EL Öl*

Für den Salat:
*300 g Knollensellerie
250 g Broccoli
1 Birne (oder anderes Obst)
2 EL gehackte Nüsse*

Alle Zutaten für die Sauce miteinander verrühren. Den Sellerie fein raspeln und sofort in die Sauce geben. Den Broccoli in kleine Röschen zerteilen, die Stiele grob raspeln. Die Birne vierteln, das Kerngehäuse ausschneiden und die Viertel quer in dünne Scheiben schneiden. Broccoli, Birne und Sellerie vermengen. Die Nüsse darüberstreuen.

Bunter Salat

Für die Sauce:
*250 g Joghurt
1 EL Zitronensaft
¼—½ TL Kurkuma
1—2 Msp gemahlener Kreuzkümmel (nach Belieben)
1 Prise Salz
2 EL Öl*

Für den Salat:
*200 g Weißkohl
200 g Möhren
100 g Paprika oder ½ kleine Gurke
100 g Tomaten*

Zum Garnieren:
Sesam

Den Joghurt cremig schlagen und die übrigen Zutaten für die Sauce untermischen.
Den Weißkohl raspeln oder in feine Streifen hobeln. Die Möhren grob raspeln oder in dünne Scheiben schneiden. Die Paprikaschote in schmale Streifen schneiden. Die Tomaten oder die Gurke würfeln. Die Salatzutaten mischen und die Sauce unterziehen.
Den Salat mit Sesam bestreuen.

Ländlicher griechischer Salat

Für die Sauce:
4 EL Zitronensaft oder Obstessig
1 Prise Salz
frischgemahlener Pfeffer
½ TL getrockneter Origano, zerrieben
1 zerdrückte Knoblauchzehe
4 EL Öl

Für den Salat:
1 Gurke
250 g Tomaten
100 g Lauch
2 Bund Radieschen
125 g Schafskäse
20 Oliven

Die angegebenen Saucenzutaten miteinander verrühren.
Die Gurke längs halbieren oder vierteln und in 1 cm dicke Stücke schneiden. Die Tomaten achteln. Den halbierten Lauch in feine Streifen schneiden und die Radieschen hobeln.
Die Saucesauce über das Gemüse gießen.
Den Schafskäse zerbröckeln und über den Salat streuen.
Mit den Oliven garnieren.

Rettich-Orangen-Salat

Für die Sauce:
2 EL Zitronensaft
1—2 EL Wasser
⅓ TL gemahlener Kreuz-
kümmel
1 Hauch Cayennepfeffer
1 Prise Salz
4 EL Öl

Für den Salat:
350 g Rettich
1—2 Orangen
4 EL gehackte Petersilie

Alle Zutaten für die Salatsauce miteinander verrühren. Den Rettich raspeln. Die Orangen in kleine Würfel schneiden. Alles mit 3 EL Petersilie in die Sauce geben und vermischen. Den Salat mit dem Rest Petersilie garnieren.

Spinatsalat mit Joghurt

Spinatsalat aus gedünstetem Spinat, mit viel Joghurt zubereitet, ist in Indien, ebenso wie in der Türkei, sehr beliebt.
Ich finde, daß der Spinat auch roh in einer Joghurtsauce sehr delikat schmeckt.

Für die Sauce:
200 g Joghurt
1 EL Zitronensaft
1—2 zerdrückte Knob-
lauchzehen
frischgemahlener Pfeffer
1 Prise Salz
2 EL Öl

Für den Salat:
2 EL gehackter Dill
30 g Zwiebeln
300 g Spinat
1—2 EL gehackte Walnüsse

Alle Zutaten für die Sauce verrühren.
Den Dill in die Sauce geben.
Die Zwiebeln sehr fein würfeln. Den Spinat in feine Streifen schneiden oder grob hacken.
Die Sauce über den Spinat gießen und alles vorsichtig mischen. Die Walnüsse darüberstreuen und den Salat sofort servieren.

Grüner Gemüsesalat

Für die Sauce:
2 EL Zitronensaft oder Obstessig
2 EL Wasser
1 Msp gemahlener Koriander
1 Hauch gemahlener Kreuzkümmel

1 Prise Salz
3—4 EL Öl

Für den Salat:
250 g Broccoli
250 g Zucchini
100 g Lauch
2 EL gehackte Petersilie

Alle Zutaten für die Sauce miteinander verrühren.
Den Broccoli grob raspeln. Die Zucchini in Scheiben schneiden. Dicke Zucchini eventuell vorher längs halbieren. Den Lauch in Streifen schneiden.
Die Zutaten in die Salatsauce geben und alles gut mischen.

Weißkohlsalat mit Paprika und Minze

Für die Sauce:
4 EL Zitronensaft oder
Obstessig
4 EL Wasser
1 zerdrückte Knoblauch-
zehe
1 Prise Salz
frischgemahlener Pfeffer

1—1½ TL getrocknete
Minze (zerrieben) oder
½—1 TL getrockneter
Origano (zerrieben)
4 EL Öl

Für den Salat:
500 g Weißkohl
150 g Paprika

Alle Zutaten für die Sauce miteinander verrühren.
Den Weißkohl fein hobeln oder raspeln. Den Paprika vierteln und in Streifen schneiden.
Das Gemüse mit der Sauce vermischen.

Fruchtiger Blumenkohlsalat

Für die Sauce:
200 g Joghurt
1 EL Zitronensaft
1 Msp Zimtpulver
2 Msp Kurkuma
2 EL Öl

Für den Salat:
400—500 g Blumenkohl
½ kleine Honigmelone
oder 1—2 Birnen oder
Pfirsiche
2 EL gehackte Petersilie

Die Saucenzutaten gut miteinander verschlagen.
Den Blumenkohl grob raspeln, bzw. in kleine Röschen zerteilen. Das Obst vierteln, entkernen und in Schnitze schneiden.
Alle Zutaten sofort in die Salatsauce geben.

Tomaten-Lauch-Salat

Für die Sauce:
1 EL Wasser
2 EL Zitronensaft
¼ TL gemahlener Kümmel
½ TL gemahlener Koriander
1 Prise Salz
1 zerdrückte Knoblauchzehe (nach Belieben)
4 EL Öl

Für den Salat:
200 g Frühlingszwiebeln, Lauch oder milde Gemüsezwiebeln
500 g Tomaten
1 EL gehackte Petersilie oder Schnittlauchröllchen

Die Zutaten für die Salatsauce miteinander verrühren. Die Frühlingszwiebeln oder den Lauch in feine Streifen schneiden. Gegebenenfalls die Gemüsezwiebeln vierteln und ebenfalls in Streifen schneiden. Die Tomaten in Scheiben zerteilen. Die Salatsauce vorsichtig unter die Zutaten heben. Mit den Kräutern garnieren.

Israelischer Salat

Für die Sauce:
2—3 EL Zitronensaft oder Obstessig
1 EL Wasser (nach Belieben)
1 Prise Salz
frischgemahlener Pfeffer
1 Msp Paprikapulver
3—4 EL Öl

Für den Salat:
200 g Paprikaschoten
1—2 Avocados
12—20 Oliven
1 kleiner Kopfsalat

Die Zutaten für die Salatsauce gut verrühren.
Den Paprika in feine Streifen schneiden. Die Avocados schälen (oder das Fruchtfleisch aus der Schale heben), entkernen und in Scheiben schneiden. Die Oliven nach Belieben halbieren. Den Kopfsalat in mundgerechte Stücke zerteilen.
Alles mit der Sauce vermischen und sofort servieren.

Möhren-Paprika-Salat

Für die Sauce:
3—4 EL Zitronensaft oder Obstessig
3—4 EL Wasser
1 Prise Salz
1—2 Msp gemahlener Kreuzkümmel (nach Belieben)
3—4 EL Öl

Für den Salat:
350 g Möhren
250 g Paprika
4—8 EL Kresse

Die Zutaten für die Salatsauce gut verrühren.
Die Möhren fein raspeln und den Paprika in sehr feine Streifen schneiden.

Das Gemüse und die Kresse mit der Salatsauce vermischen. Eventuell etwas Kresse zurückbehalten und den Salat damit garnieren.

Spinatsalat mit Banane

Für die Sauce:
150 g Joghurt
2 EL Zitronensaft
1 Prise Pfeffer
1 Prise gemahlener Koriander
1 Hauch Cayennepfeffer
2 EL Öl

Für den Salat:
200 g Spinat
1 große Banane
2—3 EL Kokosraspeln oder gehackte Haselnüsse

Den Joghurt mit den übrigen Zutaten für die Sauce cremig schlagen. Den Spinat in Streifen schneiden. Die Bananen längs halbieren und in Scheiben schneiden.
Den Spinat, die Banane und die Hälfte der Kokosraspeln, bzw. der Haselnüsse vorsichtig mit der Joghurtsauce vermischen.
Die restlichen Kokosraspeln/Haselnüsse darüberstreuen.

Kürbissalat

Vielleicht haben Sie den Kürbis bisher nur als süß-saure Beilage oder als Marmelade kennengelernt. In der orientalischen Küche wird er vielseitiger verwendet: für Gemüsegerichte, pikantes Gebäck, Suppen und anderes mehr.
Beliebt ist eine Kombination mit Tomaten. Sie finden diese Kombination im folgenden Frischkostsalat wieder.

Für die Sauce:
250 g Joghurt
1—2 EL Zitronensaft
1 TL getrocknete Minze,
zerrieben (nach Belieben)
2 EL gehackter Dill
2 EL Öl

Für den Salat:
500 g Kürbisfleisch
200 g Tomaten
1 EL gehackte Kürbiskerne
(nach Belieben)

Die Saucenzutaten gut verrühren.
Den Kürbis fein raspeln. Die Tomaten grob würfeln.
Die Sauce mit den Salatzutaten vermischen. Nach Belieben Kürbiskerne über den Salat streuen.

Variante:
Nehmen Sie statt der Tomaten in feine Streifen geschnittenen Lauch. Ersetzen Sie die Joghurtsauce durch eine Essig-Öl-Sauce.

Weizenschrotsalat »Tabbouleh«

Das Rezept für diesen berühmten libanesischen Salat schreibt Bulgur (auch Burghul genannt) als Grundlage vor. Bulgur ist Weizengrütze oder Weizengrieß aus geschältem Weizen. Bulgurweizen wird ähnlich wie *parboiled* Reis vor dem Schälen behandelt, wodurch ein großer Teil der Vitamine und Mineralstoffe ins Korninnere gelangt und erhalten bleibt. Dennoch ist Bulgur kein vollwertiges Lebensmittel.
Ich habe das Rezept vollwertig mit frischgeschrotetem Weizen abgewandelt.
Die Menge reicht als kleine Vorspeise für 4 Personen. Wollen Sie den Salat als pikantes Müsli anbieten, dann müssen Sie die Menge verdoppeln.

Zu beachten: Einweichzeit für Weizenschrot (4—10 Stunden)!

100 g Weizen, grob geschrotet
⅛ l Wasser
80 g Frühlingszwiebeln oder milde Gemüsezwiebeln
150 g Tomaten
1—1½ TL getrocknete Minze, zerrieben

4—6 EL gehackte Petersilie (glattblättrige!)
3—4 EL Zitronensaft
2 EL Öl
frischgemahlener Pfeffer
⅓ TL Salz

Zum Garnieren:
Salatblätter
Tomaten (nach Belieben)

Den Weizenschrot in dem Wasser rechtzeitig einweichen.
Die Zwiebeln fein würfeln. Die Tomaten ebenfalls würfeln (nicht zu fein). Die Zwiebeln, die Tomaten und die übrigen Zutaten mit der Getreidemasse vermischen. Abschmecken und auf Salatblättern anrichten. Nach Belieben mit Tomaten-Achteln garnieren.

Joghurt-Gurken-Salat mit Minze

Dieser Salat eignet sich gut als kleine Vorspeise für ein festliches Menü.

Zu beachten:
Zeit zum Entwässern von Joghurt: 6 Stunden
Zeit zum Durchziehen: 2 Stunden

500 g Joghurt (ergibt etwa 250 g entwässerten Joghurt)
50 g Lauch oder milde Gemüsezwiebeln
2 EL ungeschwefelte Rosinen (Weinbeeren)
½ Gurke (200—250 g)
⅓ TL Salz
frischgemahlener Pfeffer
¾—1 TL getrocknete Minze, zerrieben

Den Joghurt entwässern (in ein feinmaschiges Sieb, bzw. in ein »Käsetuch« — es kann auch eine frischgewaschene Stoffwindel sein — geben und abtropfen lassen). Das dauert mindestens 6 Stunden. Am besten über Nacht stehenlassen. Die dabei gewonnene Molke kann getrunken oder für Salatsaucen verwendet werden.
Den Lauch längs vierteln und in sehr schmale Streifen schneiden, bzw. die Zwiebeln sehr fein würfeln. Die Rosinen warm waschen und kurz weichen lassen. Die Gurke in sehr kleine Würfel schneiden oder grob raspeln.
Alle Zutaten vorsichtig vermischen und die Speise mindestens 2 Stunden gekühlt durchziehen lassen.

Kichererbsensalat mit Sesampaste
(Hummus bi Tahin)

Dieses traditionelle arabische Gericht ist ein Püree. Es wird auf typische Weise garniert.

Zu beachten: Einweichzeit für Kichererbsen: 8—12 Stunden

200 g Kichererbsen
etwa 600 g Wasser zum Kochen der Kichererbsen
50 g Sesampaste (2—3 EL, nach Belieben auch mehr)
6—8 EL Zitronensaft
½ TL Salz
etwa 200 g Wasser (Kochwasser der Kichererbsen) für das Püree
1—2 zerdrückte Knoblauchzehen

Zum Garnieren:
2—3 EL Öl
½—1 TL Paprikapulver
1 Prise Cayennepfeffer
1 EL gehackte Petersilie (oder etwas kleingerupftes Petersiliengrün)

Die Kichererbsen nach dem Grundrezept (s. Seite 155) in dem Wasser einweichen, gar kochen und abkühlen lassen.
Etwa 1 EL Kichererbsen zum Garnieren beseite stellen.
Die übrigen abgetropften Kichererbsen mit der Sesampaste, dem Zitronensaft, dem Salz und etwa ⅔ des übrigen Wassers (Kochwasser) im Mixer oder mit dem Mixstab pürieren. Das restliche Wasser nach und nach zufügen, bis eine cremige Konsistenz erreicht ist. Den Knoblauch zum Schluß unterziehen. Das fertige Püree eventuell noch mit etwas Salz und Zitronensaft abschmecken.
Die Paste in eine flache Schüssel oder kleine Schälchen geben.
Das Öl mit Paprikapulver und Cayennepfeffer mischen und über das Püree träufeln. Mit den ganzen Kichererbsen und der Petersilie garnieren.

Weiße-Bohnen-Salat

(türkische Art)

Zu beachten:
Einweichzeit für Bohnen: 8—12 Stunden
Zeit zum Durchziehen: 1 Stunde

*250 g weiße Bohnen
etwa 500 g Wasser
4—5 EL Zitronensaft oder
Obstessig
½ TL Salz
½—1 TL Paprikapulver
130 g Zwiebeln
1 zerdrückte Knoblauchzehe
5—6 EL Öl
3 EL gehackte Petersilie
3—4 Salatblätter
12—20 Oliven*

Die Bohnen nach dem Grundrezept (s. Seite 155) in dem Wasser einweichen, garen und etwas abkühlen lassen.
Den Zitronensaft/Essig mit dem Salz und dem Paprikapulver verrühren und über die abgetropften Bohnen gießen. Die Zwiebeln je nach Größe halbieren oder vierteln und in sehr schmale Streifen schneiden (Halb- oder Viertelringe). Zu den Bohnen geben und alles gut vermischen. Den Knoblauch mit dem Öl und dann 2 EL Petersilie unterziehen. Alles mindestens 1 Stunde durchziehen lassen.
Unmittelbar vor dem Servieren die Salatblätter in Streifen schneiden und unter den Salat heben. Mit den Oliven und der restlichen Petersilie garnieren.

Bohnen-Getreide-Salat

Zu beachten:
Einweichzeit für Bohnen: 8—12 Stunden
Zeit zum Durchziehen: 1—2 Stunden

120 g Azukibohnen
450—500 g Wasser
½—1 TL getrocknetes
Bohnenkraut
120 g Grünkern (oder
anderes Getreide)
3—4 EL Zitronensaft oder
Obstessig
½ TL Salz
1 Msp Cayennepfeffer
¼ TL gemahlener Kreuz-
kümmel (nach Belieben
auch mehr)
100 g Käse (Gouda oder
Schafskäse)
150 g Paprikaschote (grüne
für Gouda, rote für Schafs-
käse)
70 g Zwiebeln
4 EL Öl
2 EL gehackte Petersilie

Die Bohnen nach dem Grundrezept (s. Seite 155) in 250—300 g Wasser einweichen und kochen, dabei das Bohnenkraut etwa ¼ Stunde mitkochen lassen. Den Grünkern in 200 g Wasser nach dem Grundrezept garen. Beide Zutaten leicht abkühlen lassen und in eine Schüssel geben. Den Zitronensaft/Essig mit dem Salz und den Gewürzen verrühren und über die Bohnen-Grünkern-Mischung gießen.
Den Käse in Würfel, den Paprika in feine Streifen schneiden, die Zwiebeln fein würfeln. Alles unter den Salat heben und das Öl unterziehen.
Zum Schluß die Petersilie untermischen. Etwa 1—2 Stunden durchziehen lassen.

Auberginenpüree

Dieser beliebte Salat, im Orient in zahlreichen Versionen bekannt, wird auch als »Kaviar des armen Mannes« bezeichnet. In der ursprünglichen, einfachen Version wird das Püree nur mit Knoblauch, viel Zitronensaft, Salz und Pfeffer abgeschmeckt. Verfeinern und abwandeln läßt es sich mit Sesampaste, Kräutern, Zwiebeln und Gewürzen. Eine indische Variante haben Sie, wenn Sie nur Joghurt unterrühren und mit Ingwer, Koriander, Kurkuma, Kreuzkümmel und Cayennepfeffer würzen.
Uns schmeckt das Püree mit Joghurt und Tomaten am besten. Hier das Rezept:

600—700 g Auberginen
50 g Zwiebeln
125 g Tomaten
1 zerdrückte Knoblauchzehe
100—200 g Joghurt
2 EL Zitronensaft
1—2 EL Öl
1 Msp gemahlener Pfeffer
⅓ TL Salz
1 EL gehackte Nüsse
1—2 EL gehackte Petersilie

Die Auberginen mit einer Gabel einstechen und im Backofen bei 200—225°C etwa 35—50 Minuten bakken. Etwas abkühlen lassen.
Die Auberginen längs aufschlitzen, das Fruchtfleisch herauslösen und fein hacken oder pürieren. Die Zwiebeln sehr fein, die Tomaten fein würfeln. Alle Zutaten, bis auf die Nüsse und die Petersilie, vorsichtig mischen. Den Salat in eine flache Schüssel geben. Mit den Nüssen und der Petersilie garnieren.

Auberginenpüree in Joghurt

Hier eine Variante, bei der das Auberginenpüree in Joghurtsauce eingeschichtet wird.

600—800 g Auberginen
Salz
100 g Zwiebeln
1—2 EL Öl
frischgemahlener Pfeffer
1—2 Msp gemahlener
Kreuzkümmel (nach
Belieben)

1 Hauch Cayennepfeffer
300 g Joghurt
1 Prise Salz
2 zerdrückte Knoblauchzehen
1—2 EL gehackte Petersilie

Die Auberginen mit einer Gabel mehrmals einstechen und im Backofen bei 200—225 °C, je nach Größe, etwa 35—50 Minuten backen.
Die Auberginen dann aufschlitzen, das Fruchtfleisch herauslösen, pürieren und leicht salzen.
Die Zwiebeln fein würfeln und in dem Öl kurz dünsten.
Mit Pfeffer, Kreuzkümmel und Cayennepfeffer würzen.
Den Joghurt mit Salz und dem Knoblauch verrühren.
Ein Drittel des Joghurts in eine Schüssel geben, die Hälfte des Auberginenpürees einfüllen und darüber die Hälfte der Zwiebeln einschichten. Das zweite Drittel Joghurt darübergießen. Das restliche Auberginenpüree und anschließend die restlichen Zwiebeln verteilen. Mit dem letzten Drittel Joghurt abschließen.
Die Petersilie darüberstreuen.

Kartoffelsalat mit Kräutern

750 g Kartoffeln
3—4 EL Zitronensaft oder Obstessig
4 EL Brühe (Kochwasser)
⅔ TL Salz
frischgemahlener Pfeffer
4 EL Öl
60 g Zwiebeln
2—3 EL gehackter Dill

2—3 EL Schnittlauchröllchen
2—3 EL gehackte Petersilie
2—3 EL Kresse
1—1½ TL getrocknete Minze, zerrieben

Zum Garnieren:
Tomaten- oder Gurkenscheiben

Die Kartoffeln in der Schale dämpfen oder in wenig Wasser garen (etwa 25 Minuten) und schälen. Nach dem Abkühlen in Würfel oder Scheiben schneiden.
Den Zitronensaft/Essig mit der Brühe, dem Salz, dem Pfeffer und dem Öl verrühren und über die Kartoffeln gießen. Die Zwiebel fein würfeln und zugeben. Alles gut mischen. Den Salat zugedeckt etwa 15 Minuten durchziehen lassen.
Die Kräuter unter den Salat heben und diesen in einem Kranz von Tomaten- oder Gurkenscheiben servieren.

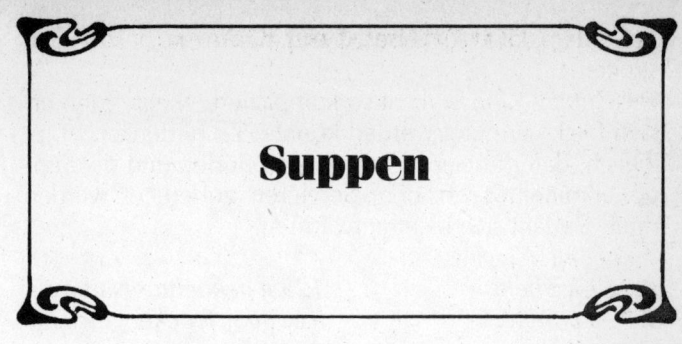
Suppen

Suppen haben in der orientalischen Küche nicht den Vorspeisencharakter wie bei uns. Sie werden eher als Hauptgericht angesehen. Selbstverständlich wird dann Brot dazu gereicht.
Auch in der Vollwertküche, in der eine Frischkost die Mahlzeit einleiten sollte, kann die Suppe, als zweiter Gang mit Brot serviert, bereits eine vollständige Mahlzeit ergeben.
Nehmen Sie in diesem Fall eventuell die 1½—2fache Menge des Rezepts. Die Mengenangaben der Suppenrezepte gelten jeweils für 4 (Suppen-)Tassen.

Griechische Zitronensuppe

Fast überall im Nahen Osten gibt es Zitronensuppe. Die griechische Art ist wohl die bekannteste und feinste. Die delikate, typisch griechische Kombination von Ei und Zitrone findet auch für Saucen Verwendung. Die griechische Zitronensuppe gehört zu den Lieblingssuppen meines Mannes. Allerdings scheint sie doch nicht jedem zu schmecken. Einer unserer Gäste verglich sie einmal mit einer Buttermilchsuppe. Vermutlich ist so manchem der feine Geschmack durch Fertigkost abhanden gekommen!

Außerdem läßt sich über Geschmäcker ja bekanntlich streiten.
Die Zubereitung ist nicht so kompliziert, wie auf den ersten Blick vermutet werden könnte. Zu bedenken ist lediglich, daß die Eier nicht gerinnen dürfen und die Suppe unmittelbar vor dem Servieren zubereitet werden muß. Sie läßt sich nicht aufwärmen.

60 g Zwiebeln
1—2 EL Butter
750 g Wasser
1 gehäufter TL gekörnte Brühe
125 g gekochter Naturreis (ca. 50 g Trockengewicht)
2 Eier
4—6 EL Zitronensaft
1 EL gehackte Petersilie

Die Zwiebeln fein würfeln. Die Butter erhitzen und die Zwiebeln darin goldgelb dünsten. Das Wasser zugießen, die Brühe und den Reis zugeben und alles zum Kochen bringen.
Die Eier schaumig schlagen und den Zitronensaft unterrühren. Den Topf mit der gekochten Brühe vom Herd nehmen. Etwas von der heißen Brühe unter ständigem Rühren langsam unter die Eiermischung geben. Dann die Eiermischung in die Brühe rühren. Die Suppe wieder erwärmen, bis sie andickt (weiterrühren!). Sie darf jedoch nicht mehr kochen.
Mit Petersilie bestreuen und sofort servieren.

Variante:
Etwas Minze in Butter andünsten und mit der Petersilie über die Suppe geben.

Joghurtsuppe

Joghurtsuppen gehören zu den Spezialitäten des Nahen Ostens und sind in zahlreichen Abwandlungen, vor allem in der Türkei, in Persien und in Armenien bekannt.

400 g Wasser	80 g Zwiebeln
⅔ TL Salz (oder 1 TL gekörnte Brühe)	2—3 EL Butter
100 g gekochtes Getreide (Nacktgerste oder Naturreis, etwa 40 g Trockengewicht)	2 TL getrocknete Minze, zerrieben
	400 g Joghurt
	1 Ei
	1—2 EL gehackte Petersilie

Das Wasser mit dem Salz bzw. der Brühe und dem Getreide aufsetzen und zum Kochen bringen.
Die Zwiebeln sehr fein würfeln und in der Butter dünsten. Zum Schluß die Minze kurz mitdünsten.
Den Joghurt mit dem Ei verquirlen. Etwas von der heißen Brühe mit der Joghurtmischung verschlagen und diese Mischung in die heiße Brühe gießen. Dabei ständig rühren. Die Suppe unter fortwährendem Rühren bis fast zum Siedepunkt erhitzen, so daß sie leicht andickt. Sie darf jedoch nicht kochen! Die Petersilie unterrühren und die Suppe in Tassen füllen. Über jede Portion etwas von der Zwiebel-Minze-Mischung geben und sofort servieren.

Kalte Joghurt-Gurken-Suppe

Nehmen Sie das Rezept Joghurt-Gurken-Salat mit Minze (s. Seite 44). Verwenden Sie jedoch 500 ml nicht entwässerten, glattgerührten Joghurt. Nach Belieben kann noch mit etwas Wasser verdünnt werden.
Die Salatgurke wird fein geraspelt.
Für die türkische Version die Rosinen und den Lauch weglassen und zwei zerdrückte Knoblauchzehen und 1½ EL Öl unterziehen.
Die Suppe mit gehacktem Dill bestreuen.
Ergibt 3—4 (Suppen-)Tassen.

Gemüsesuppe mit Aprikosen

Die süß-saure Geschmacksrichtung dieser Suppe ist typisch persisch. Viele Fleisch- und Gemüsegerichte werden mit Trockenfrüchten zubereitet. Das Obst harmoniert aber auch gut mit Hülsenfrüchten.
Hier mein Vorschlag:

Zu beachten: Einweichzeit für Aprikosen: 6—8 Stunden

50 g ungeschwefelte Trockenaprikosen, halbiert
500 g Wasser
125 g Kartoffeln
150 g Paprika
60 g Lauch
60 g Zwiebeln
2 EL Butter oder Öl
125 g gekochte Kichererbsen

½ TL Salz oder ¾ TL gekörnte Brühe
½ TL Kurkuma
frischgemahlener Pfeffer
1 Prise Zimtpulver (nach Belieben)
1 Hauch Cayennepfeffer (nach Belieben)
1—2 EL gehackte Petersilie

Die Aprikosen in 50 g Wasser rechtzeitig einweichen (s. oben). Das Gemüse zerkleinern: die Kartoffeln fein würfeln, den Paprika in Streifen, den längs halbierten Lauch in ½ cm breite halbe Ringe schneiden und die Zwiebeln würfeln.

Das Fett erhitzen, die Zwiebeln darin andünsten. Die Kartoffeln zugeben und das restliche Wasser (450 g) angießen. Alles zum Kochen bringen. Nach 5 Minuten Kochzeit die Paprikastreifen und die Aprikosen und nach weiteren 5 Minuten den Lauch und die Kichererbsen zufügen.

Alles noch etwa 10 Minuten kochen, bis das Gemüse weich ist. Die Suppe salzen und mit Kurkuma würzen. Mit Pfeffer und gegebenenfalls dem Zimt und Cayennepfeffer abschmecken. Die Suppe soll leicht süß und scharf schmecken.

Zum Schluß die Petersilie untermischen oder darüberstreuen.

Variante:
Statt der Kichererbsen können Sie auch gekochte Getreidekörner verwenden.

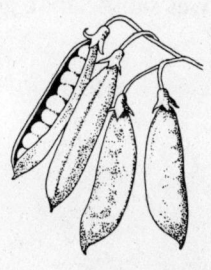

Orientalischer Borschtsch
(Rote-Bete-Suppe)

250 g rote Bete
150 g Kartoffeln
100 g Zwiebeln
650 g Wasser
1 Lorbeerblatt
100 g Tomaten
²/₃ TL Salz
¹/₈—¹/₄ TL gemahlener Kümmel
¹/₈ TL gemahlener Kreuzkümmel
1 Msp gemahlener Piment
1 Msp gemahlene Nelken
frischgemahlener Pfeffer
1 Hauch Cayennepfeffer
(nach Belieben)
etwa 100 g saure Sahne
2 EL gehackter Dill

Die rote Bete, die Kartoffeln und die Zwiebeln würfeln. Das Gemüse mit dem Wasser und dem Lorbeerblatt zum Kochen bringen und zugedeckt etwa 15—20 Minuten garen.

Das Lorbeerblatt herausnehmen. Das Gemüse nicht zu fein pürieren. Die Tomaten ebenfalls pürieren und unter das Suppenpüree mischen. Wenn nötig, die Suppe mit etwas Wasser verdünnen. Die Suppe salzen und wieder erwärmen (nicht mehr kochen). Mit den Gewürzen abschmecken. Die Hälfte des Dills unterziehen und die Suppe in Tassen füllen.

Auf jede Portion etwas saure Sahne geben. Mit dem restlichen Dill garnieren.

Tomatensuppe mit Banane

(Foto Seite 33)

Diese Suppe muß immer frisch zubereitet werden. Sie verliert an Aussehen und Geschmack, wenn sie länger steht oder wieder aufgewärmt wird.

600—700 g Tomaten
2 kleine Bananen
¼ TL getrocknetes Basilikum, zerrieben
½ TL Salz
1 Spur Honig (nach Belieben)
½—1 TL feingeraspelter frischer Ingwer (nach Belieben)
⅛ l geschlagene Sahne

Eine Banane in sehr dünne Scheiben schneiden und in die Suppenntassen verteilen.
Die Tomaten grob zerkleinern. Die zweite Banane in Stücke teilen und mit den Tomaten im Mixer pürieren. Das Basilikum und das Salz zugeben. Die Suppe heiß werden lassen (nicht kochen).
Wenn die Suppe zu säuerlich ist, mit etwas Honig süßen. Nach Belieben mit dem Ingwer abschmecken.
Die Hälfte der Sahne unterziehen und die Suppe in die vorbereiteten Tassen füllen. Die restliche Sahne als Tupfer auf jede Portion setzen.

Möhrensuppe

400 g Möhren
50 g Zwiebeln
600 g Wasser
½ TL Salz oder ¾ TL gekörnte Brühe
½ TL gemahlener Koriander
¼—½ TL Kurkuma

1—2 Msp gemahlener Kreuzkümmel
1 Msp Zimt
1 Msp gemahlene Nelken
1 Hauch Cayennepfeffer (nach Belieben)
125 g saure Sahne
1 EL gehackte Petersilie

Die Möhren und die Zwiebeln würfeln und mit dem Wasser etwa 15—20 Minuten garen.
Das Gemüse pürieren, wenn nötig, noch ein wenig Wasser zufügen. Die Suppe salzen, würzen und die Sahne unterrühren. Die Suppe wieder erwärmen, aber nicht kochen lassen.
Mit Petersilie garnieren.

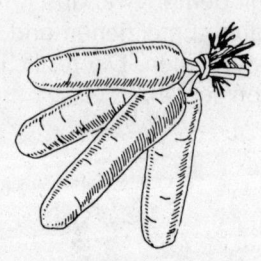

Mandelsuppe

100 g Mandeln
650 g Wasser
150 g Zwiebeln
2 EL Butter
1—2 Msp gemahlener
Kardamom
$1/4$—$1/2$ TL Kurkuma

1 EL gemahlener Naturreis
$1/2$ TL Salz
200 g Tomaten (oder
200 g Joghurt)
1 zerdrückte Knoblauch-
zehe (nach Belieben)
1 Hauch Cayennepfeffer

Die Mandeln sehr fein mahlen oder mit einem Teil des Wassers im Mixer fein pürieren.
Die Zwiebeln sehr fein würfeln und in der Butter ca. 5 Minuten andünsten, dann die Gewürze untermischen. Die Mandeln mit dem Wasser zugeben und den gemahlenen Reis mit dem Schneebesen einrühren. Alles aufkochen und zugedeckt etwa 10 Minuten bei schwacher Hitze kochen bzw. ausquellen lassen.
Die Suppe salzen. Die Tomaten pürieren und unterziehen (oder den Joghurt unterrühren). Nicht mehr kochen. Nach Belieben mit Knoblauch und Cayennepfeffer abschmecken.

Variante:
Die Mandelsuppe schmeckt auch »einfach«, das heißt ohne die Gewürzzutaten.

Linsensuppe mit Spinat

100 g braune Linsen
650 g Wasser
70 g Möhren
120 g Zwiebeln
250 g Spinat
2 EL Öl
$2/3$ TL Salz

$1/2$—1 TL Paprikapulver
$1/2$—1 TL gemahlener Koriander
1—2 zerdrückte Knoblauchzehen
1—2 EL Zitronensaft
1—2 EL gehackte Petersilie

Die Linsen mit dem Wasser (eventuell zunächst nur die halbe Wassermenge verwenden) aufsetzen und etwa 45—50 Minuten bei schwacher Hitze kochen.
Die Möhren in kleine Stifte oder dünne Scheiben schneiden und die letzten 15 Minuten mit den Linsen garen.
Die Zwiebeln würfeln und den Spinat grob hacken (nicht zu fein). Das Öl erhitzen, die Zwiebeln andünsten, dann den Spinat zugeben und alles etwa 5 Minuten dünsten.
Das Gemüse und gegebenenfalls das restliche Wasser zu den gegarten Linsen geben. Wenn nötig, die Suppe mit etwas Wasser verdünnen.
Das Salz und die Gewürze zugeben und die Suppe noch etwa 5 Minuten ziehen lassen. Dann den Knoblauch unterrühren und mit Zitronensaft abschmecken. Die Suppe mit Petersilie bestreuen.

Variante:
Anstelle der Linsen Erbsen verwenden. Eventuell die gegarten Erbsen etwas mit der Gabel zermusen. Knoblauch und Paprika weglassen und die Suppe mit $1/4$—$1/2$ TL Kurkuma abschmecken. Zum Schluß mit $2/3$ TL getrockneter Minze (zerrieben) würzen und die Suppe mit gehacktem Dill bestreut servieren.

Türkische Blumenkohlsuppe

400—500 g Blumenkohl
600 g Wasser
50 g Zwiebeln
2 EL Öl oder Butter
²/₃ TL Salz oder 1 TL gekörnte Brühe
½ TL Paprikapulver oder
½ TL geriebener Muskat
1 Ei
2 EL Zitronensaft
1 EL gehackte Petersilie
1 EL gehackter Dill

Den Blumenkohl in kleine Röschen zerteilen und in dem Wasser in etwa 15 Minuten garen.
Inzwischen die Zwiebeln fein würfeln und in dem Fett dünsten. Von dem gegarten Blumenkohl ein paar Röschen herausnehmen und beiseite stellen. Den übrigen Blumenkohl mit dem Wasser pürieren. Die Suppe salzen und mit den Gewürzen abschmecken.
Das Ei mit dem Zitronensaft verschlagen. Etwas von der heißen Suppe unter die Ei-Zitronen-Mischung rühren und diese unter fortwährendem Rühren in die Suppe gießen. Die Suppe erhitzen, bis sie andickt, nicht kochen lassen. Die zurückbehaltenen Blumenkohlröschen und die gedünsteten Zwiebeln zufügen und die Kräuter über die Suppe streuen.

Indische Bananensuppe

Diese Suppe ist einem indischen Obstcurry nachempfunden.

200 g Zwiebeln
300 g Bananen
100 g Äpfel
2 EL Butter
500 g Wasser
½ TL Salz
1—2 TL Kurkuma
¼ TL gemahlener Koriander
1—2 Msp gemahlener Kardamom
1—2 Msp gemahlene Nelken
1—2 Msp Zimtpulver
1 Msp gemahlener Pfeffer
125 g geschlagene Sahne
1—2 TL feingeraspelter frischer Ingwer

Die Zwiebeln fein würfeln. Die Bananen längs halbieren und in Scheiben schneiden. Den Apfel würfeln.
Die Butter zerlassen und die Zwiebelwürfel darin etwa 5 Minuten dünsten. Die Bananenstücke und 100 ml Wasser zugeben. Nach 3 Minuten die Apfelwürfel zugeben und alles weitere 5 Minuten garen. Das restliche Wasser zugießen und das Salz und die Gewürze unterrühren. Die Suppe einmal aufkochen. Eventuell einen Teil des Obstes mit der Gabel zu Mus zerdrücken, um die Suppe sämig zu machen. Den Ingwer und die Hälfte der Sahne unterziehen. Die Suppe in Tassen füllen und mit der restlichen Sahne garnieren.

Kürbissuppe

500 g Kürbisfleisch
100 g Kartoffeln
200 g Zwiebeln
600 g Wasser
¼ TL gemahlener Pfeffer
1—2 Msp Zimtpulver
¼—½ TL Paprikapulver
¼ TL Kurkuma

¼ TL gemahlener Koriander
¾ TL Salz (oder 1—1½ TL gekörnte Brühe)
125 g Joghurt
1 EL Zitronensaft
2 EL gehackter Dill (ersatzweise Petersilie)
1 EL Butter

Das Kürbisfleisch, die Kartoffeln und die Zwiebeln in Würfel schneiden und mit dem Wasser zum Kochen bringen. Das Gemüse bei schwacher Hitze zugedeckt etwa 10—15 Minuten kochen, bis es gar ist.
Die Gewürze und das Salz zugeben und die Suppe pürieren. Die Butter in der Suppe schmelzen lassen, den Joghurt vorsichtig unterziehen (er darf nicht gerinnen). Die Suppe mit Zitronensaft abschmecken. In Suppentassen füllen und den Dill darüberstreuen.

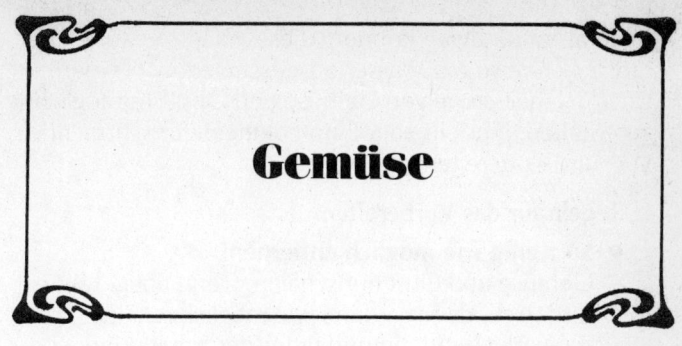

Gemüse

Die Empfehlung in der Vollwerternährung, Gemüse und Obst reichlich zu verzehren, wird in erster Linie mit deren Vitamin- und Mineralstoffgehalt begründet. Diese Bestandteile liegen hier in höchster Konzentration vor. Nicht sichergestellt ist allerdings, daß diese hohe Nährstoffdichte an Vitaminen und Mineralstoffen noch vorhanden ist, wenn Gemüse und Obst auf dem Teller liegen. So wirken z.B. Wärme, Luft und Licht zerstörend auf die Vitamine ein. Die ersten Verluste treten bereits auf dem Transportwege und bei der Lagerung auf. Deshalb sollte man beim Einkaufen darauf achten, möglichst frische Ware zu bekommen. Bevorzugen Sie, auch wegen ökologischer Gesichtspunkte, das heimische und jahreszeitliche Angebot aus Freilandanbau. Seien Sie besonders kritisch beim empfindlichen Blattgemüse (Spinat, Kopfsalat). Selbstverständlich sollte frische Ware dann auch zu Hause nicht lange, und vor allem kühl, gelagert werden. Wenn Sie nur ein- bis zweimal in der Woche einkaufen können, verwenden Sie zuerst das empfindliche Blattgemüse. Wurzel- und Knollengemüse ist eher lagerfähig.
Bei der Vor- und Zubereitung kann es zu einer weiteren Verringerung der Inhaltsstoffe kommen. Dies gilt auch für

Mineralstoffe. Zwar können diese nicht zerstört, aber möglicherweise mit Wasser ausgeschwemmt werden.
Um die Inhaltsstoffe von Gemüse und Obst bestmöglichst zu erhalten, hier ein paar Empfehlungen für schonendes Vor- und Zubereiten:

1. **Regeln für das Vorbereiten**
   - **So wenig wie möglich entfernen!**
     Gemüse und Obst nur schälen, wenn nötig. Falls erforderlich, dann so dünn wie möglich schälen (Sparschäler). Gerade in und unter der Schale sind wertvolle Inhaltsstoffe konzentriert. Außerdem schützt die Schale beim Garen vor Auslaugverlusten. Äußere Deckblätter (z. B. von Salatköpfen) entfernen, da sie stärker mit Schadstoffen belastet sein können.
   - **Gründlich und sorgfältig, aber so kurz wie möglich waschen!**
     Bei den meisten Gemüse- und Obstsorten ist es am günstigsten, unter kaltem bzw. lauwarmem, fließenden Wasser zu reinigen. Das Gemüse und Obst sollte nicht lange im Wasser liegen, weil wasserlösliche Vitamine und Mineralien ausgelaugt werden. Besonders intensiv müssen Obst und Gemüse mit rauher Oberfläche gewaschen werden.
   - **Erst unmittelbar vor der Zubereitung zerkleinern!**
     Dadurch werden die vitaminabbauenden Einflüsse, die bei zerkleinertem Gemüse und Obst aufgrund der größeren Angriffsfläche stärker zur Geltung kommen, gering gehalten.

2. **Regeln für das Zubereiten**
   - **Zubereitung zeitlich planen!**
     Fertig Zubereitetes sollte nicht lange stehen. Das bedeutet: Frischkost erst kurz vor dem Essen zubereiten und fertiggegarte Speisen nicht lange warm halten.

- **So wenig Kochflüssigkeit wie möglich verwenden!**
  Viel Wasser schwemmt die Inhaltsstoffe heraus. Dünsten oder Dämpfen im Siebeinsatz sind im allgemeinen die wertschonendsten Garverfahren. Das Kochwasser beim Dünsten sollte so bemessen sein, daß zum Schluß kaum etwas zurückbleibt. Kalkulieren Sie die Menge knapp, kontrollieren Sie zwischendurch und gießen Sie lieber etwas Wasser nach.
- **Unnötiges Verkochen der Garflüssigkeit vermeiden!**
  Die Hitzezufuhr nach dem Ankochen/Andünsten rechtzeitig reduzieren. Schwache Hitze reicht im allgemeinen für das Gardünsten/Garkochen aus.
- **Gut schließende Töpfe verwenden!**
  Die Zufuhr und Einwirkung von Sauerstoff wird dadurch minimiert. Die Kochwassermenge kann gering gehalten werden.
- **So kurze Garzeiten wie möglich!**
  Gemüse soll bißfest gegart werden. Je weniger die Zellstruktur verändert wird, und je geringer die Hitzeeinwirkung ist, desto geringer ist der Anteil der Inhaltsstoffe, der ausgeschwemmt bzw. zerstört wird.
- **Kochwasser mitverwenden!**
- **Erst zum Schluß salzen!**
  Salz begünstigt das Herauslösen der Inhaltsstoffe. Gibt man Salz erst zum Schluß zu, läßt es nicht lange einziehen, kann die Salzmenge auch meist geringer gehalten werden.

Das Vorbereiten der verschiedenen Gemüse von A bis Z

Auberginen:
waschen, Stengel- und Blütenansätze entfernen.

Blumenkohl:
Strunk und grüne Hüllblätter abschneiden. Den Blumenkohl sorgfältig waschen und in Röschen zerteilen.

Broccoli:
waschen, große Blätter und holzige Stielenden abschneiden. In Röschen zerteilen. Dicke Stiele schälen und kreuzförmig einschneiden, gegebenenfalls zerkleinern.

Chinakohl:
Äußere Blätter entfernen. Strunkende kürzen. Den Kohl in einzelne Blätter zerlegen und waschen.

Fenchel:
waschen, schadhafte Außenblätter entfernen. Braune Stellen abschneiden. Stiele und Fenchelgrün kappen, Fenchelgrün aufheben.

Grüne Bohnen/Stangenbohnen:
waschen, Stielansätze und Spitzen abschneiden; dabei eventuelle Fäden abziehen.

Gurken:
Da die bei uns angebotenen Salatgurken meist aus dem Gewächshaus kommen, empfehle ich, sie zu schälen. Hierfür Sparschäler benutzen. Werden die Gurken ungeschält verarbeitet, dann gründlich waschen.

Kartoffeln:
gründlich waschen. Möglichst mit der Schale garen und dann schälen. Wenn ein Rezept es erforderlich macht, geschälte Kartoffeln zu kochen, dann zuvor möglichst dünn schälen.

Kohlrabi:
Blätterwerk entfernen. Zarte Kohlrabiblättchen abschneiden, waschen und aufheben. Knollen dünn schälen, evtl. holziges Ende abschneiden.

Kürbis:
halbieren und das weiche, faserige Innere sowie die Kerne herausschaben. Kürbishälften in Spalten schneiden, dann schälen.

Lauch/Porree:
schadhafte Außenblätter entfernen. Wurzelansatz, welkes, dunkelgrünes, faseriges Blattwerk abschneiden. Die Lauchstange längs aufspalten und unter fließendem Wasser gründlich waschen.

Mangold:
welke Blätter aussortieren. Gründlich waschen.

Möhren:
gründlich waschen und bürsten, dünn schälen oder schrappen. Blattansatz und Wurzelspitze abschneiden.

Paprika:
waschen, längs halbieren. Stiel, faserige Mitte und Kerne entfernen.

Radieschen:
Blätter entfernen, waschen, Wurzelspitzen und Blattansätze abschneiden.

Rettich:
Gründlich waschen und bürsten oder dünn schälen. Schwarzrettich immer schälen. Stengelansatz und Wurzelspitze abschneiden.

Rosenkohl:
Strunkansatz abschneiden, wenn nötig, äußere Blätter entfernen.

Rote Bete/rote Rüben:
dünn schälen, junge Knollen eventuell nur waschen und bürsten. Schlechte Stellen entfernen, Stengelansätze und Wurzelspitzen abschneiden.

Spinat:
sorgfältig mehrmals waschen. Das Gemüse ist häufig sandig. Welke und verfärbte Blätter entfernen. Grobe Stengel abtrennen.

Sellerieknolle:
Blätter und Stengel entfernen. Waschen und schälen. Schlechte Stellen abschneiden.

Stangensellerie:
Blätter abschneiden. Die zarten Blättchen waschen und aufheben. Gegebenenfalls Stangen von der Knolle abtrennen. Stangen voneinander lösen und waschen. Evtl. harte Stielenden abschneiden.

Teltower Rüben/weiße Rüben:
wie rote Bete behandeln.

Tomaten:
waschen, Blüten- und Stengelansatz entfernen.

Weißkohl und Wirsing:
beschädigte und welke Blätter entfernen. Strunkende abschneiden.

Zucchini:
waschen, Stengelansatz wie auch vom anderen Ende die Spitze abschneiden.

Zwiebeln:
oberes und unteres Ende abschneiden und schälen.

Gemüse, gedünstet und gedämpft

Grüne Bohnen mit Nüssen
(Foto Seite 81)

Hier folgt ein Grundrezept. Sie können anstelle der Bohnen zum Beispiel Broccoli, Rosenkohl oder eine andere Gemüseart wählen.

800—1000 g grüne Bohnen
⅛ l Wasser
¾—1 TL getrocknetes Bohnenkraut, Thymian oder Minze
50—100 g Zwiebeln
50 g Butter
3 EL gehackte Nüsse
⅓ TL Salz
frischgemahlener Pfeffer
1—2 EL Zitronensaft
2 EL gehackte Petersilie

Die Bohnen einmal durchbrechen oder schneiden.
Das Wasser zum Kochen bringen und die Bohnen mit dem Bohnenkraut oder dem Thymian hineingeben. Das Gemüse zugedeckt 15—20 Minuten garen. (Sie können das Gemüse auch im Dünsteinsatz dämpfen). Inzwischen die Zwiebeln fein würfeln. Die Butter erhitzen und die Zwiebeln darin in etwa 5 Minuten goldgelb dünsten. Dann die Nüsse und gegebenenfalls die Minze zugeben.
Die gegarten und abgetropften Bohnen salzen, pfeffern und in der Butter-Zwiebel-Mischung schwenken.
Zum Schluß mit dem Zitronensaft abschmecken und die Petersilie darüberstreuen.

Dazu passen:
Getreideklößchen in Zitronensauce (s. Seite 138), Orientalische Getreiderolle (s. Seite 132), Getreidebratlinge (s. Seite 137) oder Ägyptische Tomatenhirse (s. Seite 117).

Indische Variante:
Einen indischen Anstrich bekommt das Gemüse, wenn Sie die Kräuter weglassen, mit ½ TL gemahlenem Koriander würzen und 1—2 TL feingeraspelten frischen Ingwer unter das Gemüse ziehen.

Dazu passen:
Getreidebällchen in indischer Sauce (s. Seite 141), Getreidebratlinge (s. Seite 137), Kurkuma-Kartoffeln (s. Seite 85) oder einfach gekochtes Getreide.

Gemüseragout auf türkische Art

300 g Stangenbohnen
300 g Paprika
300 g Zucchini
150 g Zwiebeln
2—3 EL Öl oder Butter
½ TL gemahlener Koriander
½ TL gemahlener Pfeffer
½ TL getrocknetes Basilikum oder getrocknetes Bohnenkraut
½ Tasse Wasser
⅔ TL Salz
1 zerdrückte Knoblauchzehe
2 EL gehackte Kräuter (Petersilie und/oder Dill)
400—500 g Joghurt

Die Bohnen in etwa 4 cm lange Stücke brechen oder schneiden. Den Paprika würfeln oder in Streifen und die Zucchini in ½ cm dicke Scheiben schneiden. Die Zwiebeln würfeln.
Das Fett erhitzen und die Zwiebeln darin andünsten. Paprika, Bohnen, Gewürze und das Basilikum bzw. das Boh-

nenkraut zufügen. Das Wasser zugießen und das Gemüse zugedeckt 5 Minuten dünsten. Dann die Zucchini zugeben und noch etwa 10 Minuten weitergaren.

Das Gemüse salzen und den Knoblauch und die Kräuter unterziehen. In eine flache Schüssel füllen und mit dem cremig geschlagenen Joghurt übergießen. Sofort servieren.

Dazu frisches Fladenbrot reichen.

Varianten:

1. Gemüseragout auf griechische Art
Den Joghurt weglassen und das Gemüse mit etwas Zitronensaft abschmecken. Etwa 100 g zerbröckelten Schafskäse über das Gemüse streuen.

2. Gemüseragout (einfache Art)
Den Joghurt weglassen und das Gemüse nur mit etwas Zitronensaft abschmecken.

Dazu passen:
Orientalische Getreiderolle (s. Seite 132), Getreidebratlinge (s. Seite 137, griechische oder türkische Art).

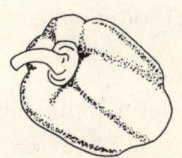

Lauch-Sellerie-Gemüse

500 g Sellerie
500 g Lauch
50 g Zwiebeln
2 EL Öl
⅔ Tasse Wasser

2 Eier
4 EL Zitronensaft
½ TL Salz
frischgemahlener Pfeffer
1—2 EL gehackte Petersilie

Den Sellerie in 1—2 cm breite Würfel, den längs halbierten Lauch in 1—2 cm lange Stücke schneiden. Die Zwiebeln würfeln. Die Zwiebelwürfel in dem Öl andünsten. Dann die Selleriewürfel und wenige Minuten später den Lauch zufügen. Das Wasser zugießen und das Gemüse zugedeckt etwa 10 Minuten dünsten, bis es weich ist.
Das Gemüse in einem Sieb abtropfen lassen.
Die Brühe mit Wasser auf 200 g Flüssigkeitsmenge bringen, in den Topf zurückgießen und erhitzen.
Die Eier mit dem Zitronensaft verquirlen und mit etwas heißer Brühe verschlagen. Die Eiermischung unter ständigem Rühren in die übrige Brühe gießen. Vorsichtig erhitzen (eventuell im Wasserbad), bis die Sauce andickt.
Mit Salz und Pfeffer abschmecken und das Gemüse in die Sauce geben. Mit der Petersilie bestreuen.

Dazu passen:
Weizen-Nuß-Pilaw (s. Seite 122), Gewürzter Reis auf arabische Art (s. Seite 121) oder einfach gekochtes Getreide.

Variante:
Nehmen Sie statt Sellerie Topinambur (Jerusalemer Artischocken).

Arabische Möhren

250 g Zwiebeln
800 g Möhren
2 EL Öl
½ TL gemahlener Koriander
½ Tasse Wasser
½ TL Salz
½—1 TL getrocknete Minze, zerrieben
1—2 zerdrückte Knoblauchzehen
150—250 g Joghurt
1 EL gehackte Petersilie

Die Zwiebeln, je nach Größe, halbieren oder achteln und die Möhren in etwa ½ cm dicke Scheiben schneiden.
Das Öl erhitzen und die Zwiebeln darin andünsten. Die Möhren und den Koriander zugeben. Das Wasser angießen und das Gemüse zugedeckt etwa 15 Minuten dünsten.
Das Salz, die Minze und den Knoblauch unterrühren. Den Joghurt cremig schlagen und unter das Gemüse ziehen (vorsichtig, damit er nicht gerinnt). Oder den Joghurt über die angerichteten Möhren gießen.
Mit Petersilie garnieren.

Dazu passen:
Weizen-Nuß-Pilaw (s. Seite 122), Kokosnuß-Reis (s. Seite 119), Kichererbsenrolle (s. Seite 175), Getreidebratlinge (s. Seite 137), (arabisch gewürzte oder türkische Art), Orientalische Getreiderolle (s. Seite 132) oder einfach gekochtes Getreide.

Variante:
Sie können die Minze weglassen und das Gemüse nach Belieben noch mit ½ TL gemahlenem Kreuzkümmel würzen.

Ratatouille auf indische Art

300 g Paprika
300 g Auberginen
300 g Zucchini
200 g Zwiebeln
3—4 EL Öl
1—2 TL gemahlener Koriander
¼ TL gemahlener Pfeffer
½—1 TL Kurkuma
½ TL gemahlener Kreuzkümmel
1 TL Paprikapulver
4—5 EL Wasser
250 g Tomaten
⅔ TL Salz
1—2 zerdrückte Knoblauchzehen (nach Belieben)

Den Paprika in Streifen schneiden. Die Auberginen würfeln und die Zucchini in ½ cm dicke Scheiben schneiden. Die Zwiebeln würfeln oder in halbe Ringe schneiden.
Die Zwiebeln in dem Öl andünsten. Die Gewürze zugeben und kurz mitschmoren. Die Paprikastreifen und wenig später die Auberginenwürfel zufügen und alles gut vermischen. Dann das Wasser zugießen und das Gemüse zugedeckt knapp 10 Minuten dünsten. Die Zucchini zugeben und das Gemüse weitere 10 Minuten garen.
Die Tomaten in Würfel schneiden und mit dem Salz und dem Knoblauch unter das Gemüse ziehen. Noch 5 Minuten ziehen lassen, nicht mehr kochen.

Dazu passen:
Getreidenußbraten (s. Seite 140), Weizen-Nuß-Pilaw (s. Seite 122), Indisch gewürzte Getreidebratlinge (s. Seite 138) oder Reis.

Kürbisgemüse auf türkische Art

In den orientalischen Ländern wird Kürbis sehr geschätzt. Auf türkische Art zubereitet, nur leicht gewürzt und mit Joghurt verfeinert, kommt das zarte Aroma voll zur Geltung.
Nach dem Originalrezept wird das gedünstete Gemüse mit Joghurt übergossen. Ich habe den Joghurt gleich untergemischt.

1000 g Kürbisfleisch
100 g Zwiebeln
2—3 EL Öl
½ TL gemahlener Koriander
¼ TL gemahlener Piment
½ Tasse Wasser
⅔ TL Salz
200—250 g Joghurt
1—3 EL Zitronensaft

Das Kürbisfleisch in etwa 2 cm große Würfel schneiden. Die Zwiebeln fein würfeln.
Das Öl erhitzen und die Zwiebelwürfel darin andünsten. Die Kürbiswürfel und die Gewürze zugeben und das Wasser angießen. Den Kürbis 10—13 Minuten zugedeckt dünsten. Das Gemüse salzen.
Den Joghurt mit dem Zitronensaft verrühren und vorsichtig unter das Gemüse ziehen.

Dazu passen:
Ägyptische Tomatenhirse (s. Seite 117) oder Gewürzter Reis auf arabische oder afghanische Art (s. Seite 120, 121).

Variante: **Kürbisgemüse mit Tomaten**
Den Kürbis, wie oben beschrieben, garen. Anstelle des Joghurts 250 g Tomaten nehmen. Die Tomaten fein würfeln. Mit ½—1 TL getrockneter, zerriebener Minze unter den Kürbis mischen. 3—5 Minuten ziehen lassen.

Dazu passen:
Grüne Gerste (s. Seite 118) oder einfach gekochter Reis. Wenn Sie die Minze im Gemüse weglassen, kann Hafer-Pilaw mit Minze (s. Seite 123) dazu serviert werden.

Gedünsteter Lauch mit Pflaumen

Zu beachten:
Einweichzeit für Trockenpflaumen: 2—6 Stunden

80—125 g entsteinte, ungeschwefelte Trockenpflaumen	½ TL Salz
	¼—½ TL Kurkuma (nach Belieben)
1 Tasse Wasser	frischgemahlener Pfeffer
100 g Zwiebeln	1 Hauch Cayennepfeffer (nach Belieben)
800—1000 g Lauch	
2 EL Öl oder Butter	2—3 EL Zitronensaft

Die Pflaumen waschen, eventuell halbieren und rechtzeitig in dem Wasser einweichen (s. oben).
Die Zwiebeln fein würfeln und den Lauch in 2—3 cm breite Streifen schneiden.
Die Zwiebeln in dem Fett andünsten, den Lauch zufügen und die Pflaumen mit dem Einweichwasser zugeben. Das Gemüse in 10—15 Minuten gar dünsten. Wenn nötig, noch etwas Wasser zugeben. Mit dem Salz, den Gewürzen und dem Zitronensaft abschmecken.

Dazu passen:
Kokosnußreis (ohne Gewürze) (s. Seite 119), Getreidenußbraten (s. Seite 142) oder einfach gekochtes Getreide.

Kartoffel-Zwiebel-Ragout

250 g Zwiebeln
600 g Kartoffeln
2 EL Öl
½—1 TL gemahlener Koriander
¼—½ TL Paprikapulver
⅛ TL gemahlener Pfeffer
1 Prise Zimtpulver
200 g Wasser
¾ TL Salz
300 g Tomaten
1—2 zerdrückte Knoblauchzehen (nach Belieben)
2 EL gehackte Petersilie

Die Zwiebeln grob würfeln. Die Kartoffeln schälen und in etwa 2 cm große Würfel schneiden.
Das Öl erhitzen, die Zwiebeln andünsten, die Gewürze und die Kartoffeln zugeben und das Wasser zugießen. Zugedeckt etwa 15 Minuten garen. Das Gemüse salzen.
Die Tomaten würfeln und zu den Kartoffeln geben. Das Ganze 5 Minuten ziehen lassen. Den Knoblauch zufügen. Die Petersilie unterziehen oder über das Gericht streuen.
Um die Sauce etwas anzudicken, einige Kartoffelstücke mit der Gabel zu Mus zerdrücken.

Dazu paßt:
Frisches Fladenbrot.

Gemüse mit Kokosnuß

*1000 g verschiedene Gemüse (z. B. Möhren, Paprika, Blumenkohl, Zucchini, Broccoli)
100 g Zwiebeln
2—3 EL Öl
²/₃—1 TL schwarze Senfkörner
½ TL gemahlener Koriander
½ TL Kurkuma (nach Belieben)
²/₃ Tasse Wasser
²/₃ TL Salz
80—100 g feingeriebene frische Kokosnuß
1—2 TL feingeraspelter frischer Ingwer
1 EL Zitronensaft*

Das Gemüse klein schneiden. Die Zwiebeln würfeln. Das Öl erhitzen und die Senfkörner einrühren. Wenn die Körner springen (platzen), den Topf für kurze Zeit abdecken. Dann die Zwiebeln zugeben und andünsten. Den Koriander und das Kurkumapulver unter die Zwiebeln mischen. Das Gemüse zufügen. Das Wasser zugießen und alles zugedeckt etwa 10 Minuten dünsten.
Das Gemüse salzen und die Kokosnuß unterrühren (von der Kokosnuß 1—2 EL zum Garnieren zurückbehalten). Noch 5 Minuten garen, bis das Gemüse weich ist.
Mit dem Zitronensaft und dem Ingwer abschmecken. Die zurückbehaltenen Kokosraspeln über das angerichtete Gemüse streuen.

Dazu passen:
Einfacher Reis oder, wenn Sie keinen Kurkuma im Gemüse verwenden, auch Gelber Reis (s. Seite 122).

Variante:
Als Ersatz für frische Kokosnuß können Sie getrocknete Kokosflocken nehmen. Eventuell ist dann etwas mehr Kochwasser erforderlich.

Gebackene Auberginen mit Birnen (Rezept ▷ Seite 89) *und Gelber Reis* (Rezept Seite 122)

Zwiebeln auf griechische Art

1000 g Zwiebeln (möglichst kleine)
2 EL Öl
½ Tasse Wasser
1 Lorbeerblatt
1—2 Zimtstangen (oder ¼—½ TL Zimtpulver)
1 Msp gemahlene Nelken
frischgemahlener Pfeffer
½ TL getrockneter Rosmarin
⅔ TL Salz
125 g Tomaten
1 zerdrückte Knoblauchzehe (nach Belieben)
2 EL gehackte Petersilie

Die Zwiebeln, je nach Größe, ganz lassen, halbieren oder vierteln. Das Öl erhitzen und die Zwiebeln darin andünsten. Das Wasser und die Gewürze zugeben. Das Gemüse zugedeckt etwa 20—25 Minuten garen.
Die Zimtstange(n) und das Lorbeerblatt entfernen. Die Zwiebeln salzen. Die Tomaten pürieren oder ganz fein würfeln. Mit dem Knoblauch und 1 EL Petersilie unter das Gemüse mischen. Alles noch 2—3 Minuten ziehen lassen, nicht mehr kochen.
Die restliche Petersilie darüberstreuen.

Dazu passen:
Orientalische Getreiderolle (s. Seite 132), gekochtes Getreide (Grünkern, Gerste) oder Getreidebratlinge auf türkische Art (s. Seite 137).

◁ *Grüne Bohnen mit Nüssen* (Rezept Seite 71) *mit Orientalischer Getreiderolle* (Rezept Seite 132)

Gurken mit Lauchzwiebeln

1000 g Schmorgurken
250 g Lauchzwiebeln
70 g Zwiebeln
3—4 EL Öl
$1/3$—$1/2$ TL Kurkuma
$1/2$ TL Salz
1 Msp gemahlener Piment
frischgeriebene Muskatnuß
frischgemahlener Pfeffer
1 EL Zitronensaft oder
150 g saure Sahne
1—2 EL gehackte Petersilie

Die geschälte Gurke, je nach Größe, längs halbieren oder vierteln und quer in 2 cm dicke Stücke schneiden.
Von den Lauchzwiebeln die Knolle abtrennen. Dicke Knollen teilen. Das Grün schräg in 2—3 cm breite Streifen schneiden.
Die Zwiebeln würfeln und in dem Öl andünsten. Das Kurkumapulver einstreuen und die Gurkenwürfel zugeben. Das Gemüse zugedeckt schmoren.
Nach 5 Minuten die Zwiebelknollen und nach weiteren 5 Minuten die Lauchstreifen zugeben. Noch 5—8 Minuten dünsten, bis das Gemüse weich ist. Zwischendurch die Flüssigkeit kontrollieren und bei Bedarf wenig Wasser zugießen.
Das Gemüse mit dem Salz und den übrigen Gewürzen abschmecken. Den Zitronensaft zugeben oder vorsichtig die Sahne unterziehen. Die Petersilie über das Gericht streuen.

Dazu passen:
Reis, Weizen-Nuß-Pilaw (s. Seite 122), Getreidebratlinge auf indische Art (s. Seite 138) oder Kokosnuß-Reis (s. Seite 119).

Blumenkohl und Kartoffeln in Kardamom-Mandel-Sauce

500 g Blumenkohl
300 g Kartoffeln
100 g Zwiebeln
2—3 EL Butter oder Öl
½—1 TL gemahlener Koriander
1 TL Kurkuma
1 Msp gemahlene Nelken
¼ TL Zimtpulver
1 TL gemahlener Kardamom
1 Msp gemahlener Pfeffer
200 g Wasser
1 EL feingemahlener Weizen
2 EL gemahlene Mandeln
¾ TL Salz
1—2 TL feingeraspelter Ingwer
200 g saure Sahne
1—2 EL gehackte Mandeln

Den Blumenkohl in Röschen zerteilen und die Kartoffeln in 2—3 cm große Stücke schneiden. Die Zwiebeln fein würfeln.
Die Zwiebelwürfel in dem Fett andünsten. Die Gewürze zugeben, untermischen und kurz mitdünsten. Das Wasser zugießen und zum Kochen bringen. Die Kartoffeln und den Blumenkohl zugeben, alles mischen und zugedeckt etwa 15—20 Minuten garen.
Das Gemüse mit einer Schaumkelle herausnehmen und warm stellen. Die Kochflüssigkeit mit Wasser auf 200 g Flüssigkeitsmenge auffüllen. Mit einem Schneebesen das Weizenmehl und die gemahlenen Mandeln einrühren. Das Ganze zum Kochen bringen und auf der ausgeschalteten Platte gut 5 Minuten kochen, bzw. ausquellen lassen.
Die Sauce salzen. Den Ingwer und die saure Sahne unterziehen. Wenn nötig, die Sauce noch einmal erwärmen.
Das Gemüse in die Sauce geben und darin schwenken. Die gehackten Mandeln darüberstreuen.

Dazu paßt:
Reis.

Kartoffel-Zwiebel-Curry

600 g Kartoffeln
400 g Zwiebeln
2 EL Butter oder Öl
3 TL gemahlener Koriander
²/₃—1 TL gemahlener Kreuzkümmel
½ TL Paprikapulver
½ TL geriebene Muskatnuß
¼ TL gemahlener Pfeffer
½ TL Kurkuma
250 g Wasser
1 TL Salz
1—2 TL feingeraspelter frischer Ingwer
200—250 g saure Sahne

Die Kartoffeln schälen und in 2 cm große Stücke schneiden. Die Zwiebeln grob würfeln.
Die Zwiebeln in dem Fett andünsten, die Gewürze zugeben und kurz mitbraten. Dann die Kartoffeln zufügen und das Wasser angießen. Zugedeckt etwa 15—20 Minuten garen.
Das Gemüse salzen und vorsichtig den Ingwer und die saure Sahne unterziehen. Nochmals erwärmen, aber nicht kochen.

Dazu passen:
Reis und/oder Fladenbrot oder Brötchen.

Kurkuma-Kartoffeln
(Foto Seite 161)

600—700 g Kartoffeln ½ TL Salz
⅔—1 TL Kurkuma 2—3 EL Butterschmalz

Die Kartoffeln mit der Schale im Dünsteinsatz dämpfen, schälen und abkühlen lassen. Dann die Kartoffeln in etwa 3 cm große Würfel schneiden.
In einer Pfanne das Fett erhitzen, Kurkuma und die Kartoffeln zugeben und das Salz darüberstreuen. Die Kartoffeln unter Wenden in wenigen Minuten goldgelb braten. Sie sollen nicht braun werden.

Paßt zu:
Wirsingrollen (s. Seite 91), Kichererbsenklößchen in Spinatgemüse (s. Seite 176) oder Grünen Bohnen mit Nüssen (s. Seite 71).

Gefülltes Gemüse

Die orientalische Küche, insbesondere die des Vorderen Orients, ist berühmt für ihre Dolma, Dolmathes oder Dolmeh. So bezeichnet man Speisen mit gefülltem Gemüse. Sie gehören auf jede Festtagstafel. Die Füllungen sind vielfältig.
Die klassische Füllung besteht aus Reis, dem Kräuter, Nüsse, eventuell auch Rosinen, beigefügt werden.
Daneben sind auch Reis-Hülsenfrucht-Mischungen (Persien, Syrien) oder Zwiebel-Tomaten-Gemüse als Füllungen beliebt.

Gefüllte Zucchini auf persische Art

Zu beachten:
Einweichzeit für Trockenaprikosen: 6—10 Stunden

*200 g getrocknete
Aprikosen
250 g Wasser
4—8 kleine bis mittelgroße
Zucchini (800—1000 g
Bruttogewicht)
150 g Zwiebeln
2 EL Öl
100 g Joghurt, saure oder
süße Sahne
1 Prise Salz*

*Für die Füllung:
100 g Zwiebeln*

*1—2 EL Öl
225 g gekochte Kichererbsen (knapp 100 g
Trockengewicht)
225 g gekochter Reis
(knapp 100 g Trockengewicht)
2 EL Pinienkerne, Cashewnüsse oder gehackte
Mandeln
$^2/_3$ TL Salz
$^1/_3$ TL gemahlener Pfeffer
$^1/_4$—$^1/_2$ TL Zimtpulver
1—2 EL gehackte Petersilie*

Die Aprikosen in 250 g Wasser einweichen.
Die Zucchini, wenn nötig, etwas kürzen oder große, bzw. lange Zucchini auch halbieren, damit sie in einem Topf oder einer Schmorpfanne nebeneinander Platz haben. (Am besten eignen sich für dieses Gericht relativ kleine Früchte.) Die Zucchini aushöhlen, das heißt von beiden Enden aus mit einem Apfelentkerner das Innere herauslösen.
Für die Füllung die Zwiebeln würfeln und in dem Öl dünsten. Die übrigen Zutaten der Füllung mit den Zwiebeln vermengen. Die Zucchini mit dieser Reis-Kichererbsen-Mischung füllen (dabei einen Kochlöffelstiel zur Hilfe nehmen und damit nachstopfen).
Die Aprikosen abtropfen lassen und halbieren. Die restlichen Zwiebeln mittelfein bis grob würfeln. Das herausgelöste Zucchinifleisch ebenfalls zerkleinern.
In einem flachen Topf mit großem Durchmesser bzw. ei-

ner Schmorpfanne das Fett erhitzen, die Zwiebeln andünsten, das Zucchinifleisch und die Aprikosenhälften zugeben und das Einweichwasser angießen. Die gefüllten Zucchini darauf verteilen. Etwa 20—25 Minuten leise kochen. Nach 10—15 Minuten die Zucchini umdrehen, so daß die oberen Hälften auf der Aprikosenmischung liegen.
Die gegarten Zucchini in eine Schüssel legen. Das Aprikosengemüse leicht salzen und die Sahne bzw. den Joghurt unterziehen. Das Ganze dann über die Zucchini verteilen.

Dazu passen:
Fladenbrot oder eine kleine Portion Reis.

Variante mit frischem Obst:
Anstelle der Trockenaprikosen etwa 600 g frische Aprikosen, Pfirsiche oder Nektarinen verwenden. Am besten eignen sich harte unreife Früchte. Das Frischobst halbieren, vierteln, achteln oder in Scheiben schneiden (je nach Größe der Früchte).

Gefüllte Auberginen auf türkische Art
(*Imam Bayildi* — Der Imam fiel in Ohnmacht)

Bei diesem Gericht gibt es über den Ursprung des Namens verschiedene Versionen. Eine davon besagt, daß der köstliche Duft den Imam ohnmächtig werden ließ. Noch zahlreicher als die Legenden um den Namen sind inzwischen die Rezeptversionen. Das Gericht ist nicht nur in der Türkei beliebt.
Üblicherweise werden Auberginen für dieses Gericht vor dem Füllen in viel Fett angebraten, was das Aroma verfeinert, die Speise aber schwer bekömmlich macht.
Hier nun eine unübliche Zubereitungsart:

*4 kleine oder 2 mittel-
große Auberginen
(600—800 g)
325 g Zwiebeln
4—5 EL Öl
½ TL getrockneter
Thymian oder ge-
trockneter Origano
150 g Tomaten
2—4 zerdrückte Knob-
lauchzehen*

*1 Prise Zimt oder Piment
(nach Belieben)
frischgemahlener Pfeffer
Salz
3—4 EL gehackte Peter-
silie*

*Für die Form:
Butter oder Öl*

Die Auberginen putzen, jedoch den Stielansatz nicht entfernen. Die Auberginen längs halbieren. Die Hälften aushöhlen, so daß ein etwa 1 cm breiter Fleischrand stehen bleibt. Die Hälften mit der Aushöhlung nach oben im Dünsteinsatz etwa 6—8 Minuten dämpfen.

Für die Füllung die Zwiebeln halbieren und in Scheiben schneiden (halbe Ringe) oder grob würfeln. Das herausgelöste Auberginenfleisch zerkleinern.

2 EL Öl erhitzen, die Zwiebeln andünsten, das Auberginenfleisch und die getrockneten Kräuter zugeben. Das Gemüse etwa 10 Minuten knapp weich dünsten. Wenn nötig, 1—2 EL Wasser zugeben. Etwas abkühlen lassen.

Die Tomaten in Würfel schneiden und mit dem Knoblauch, den Gewürzen, ⅓ TL Salz und 2—3 EL Petersilie zum Zwiebel-Auberginen-Gemüse geben. Alles gut vermischen.

Die etwas abgekühlten Auberginenhälften leicht salzen und pfeffern, die Gemüsemischung einfüllen. In eine gefettete Auflaufform setzen. Falls von der Gemüsefüllung etwas übriggeblieben ist, diese zwischen den Hälften verteilen.

Das Gericht mit 2—3 EL Öl beträufeln und im vorgeheizten Backofen bei 200°C 20—25 Minuten backen.

Mit dem Rest Petersilie garnieren.

Das Gemüse kann auch kalt serviert werden.

Dazu passen:
Orientalische Getreiderolle (s. Seite 132), Gewürzter Reis auf arabische Art (s. Seite 121) oder einfach gekochtes Getreide. Werden die Auberginen kalt gegessen, warmes Fladenbrot dazu reichen.

Gebackene Auberginen mit Birnen

(Foto Seite 80)

2 mittelgroße längliche und 1 kleine Aubergine (oder 2 mittelgroße rundliche Auberginen)
Salz
frischgemahlener Pfeffer
2 feste Birnen (300—400 g)
200 g Zwiebeln
¼ TL geriebene Muskatnuß
1—2 Msp Zimtpulver
½ TL gemahlener Koriander
2 EL Öl
4 EL Wasser
2 EL Zitronensaft

Für die Form:
Butter oder Öl

Die mittelgroßen Auberginen der Länge nach halbieren. Falls Sie rundliche Auberginen verwenden, die Hälften etwas abflachen, indem man jeweils eine dicke Scheibe — das Mittelteil — herausschneidet. Die Schnittkanten leicht salzen und pfeffern. Die Auberginen dann fächerförmig aufschneiden. Dazu jede einzelne Hälfte mit der Schnittkante nach unten legen und längs in etwa 1,5—2 cm dicke Streifen schneiden. Sie müssen am Stielansatz miteinander verbunden bleiben.

Die Birnen halbieren, sehr große vierteln, und vom Kerngehäuse befreien. Die Birnenhälften oder -viertel quer in Scheiben von unterschiedlicher Stärke (2 mm und 5 mm dick) schneiden.

Die Birnenscheiben zwischen die einzelnen Auberginenstreifen schieben. Dabei die dünneren Scheiben

zum Stielansatz hin, die dickeren zum Ende hin verteilen.
Die dritte kleine Aubergine bzw. die abgetrennten Mittelstücke der rundlichen Auberginen, die Zwiebeln und die Birnenreste (eventuell etwas zurücklassen) würfeln.
Alles mischen, salzen und mit dem Muskat, dem Zimt, dem Koriander und etwas Pfeffer würzen.
Die Auberginenfächer in eine große, gefettete Auflaufform legen. Die Gemüsemischung zwischen den Fächern verteilen bzw. über die Auberginen geben. Das Öl und das Wasser über das Gericht träufeln. Die Form mit Alu-Folie abdecken/verschließen.
Im Backofen bei 220°C 30 Minuten und bei 200°C weitere 35—45 Minuten backen.
Vor dem Servieren mit dem Zitronensaft beträufeln.

Dazu passen:
Getreidenußbraten (s. Seite 140), Kichererbsenrolle (s. Seite 175), Weizen-Nuß-Pilaw (s. Seite 122), Gelber Reis (s. Seite 122) oder Kokosnuß-Reis (s. Seite 119).

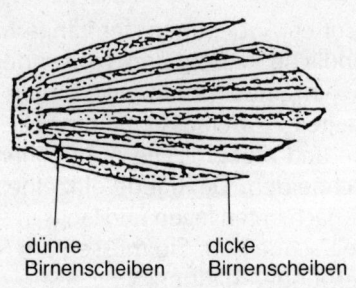

dünne Birnenscheiben   dicke Birnenscheiben

Wirsingrollen mit Möhrenfüllung auf indische Art

1 Wirsingkopf (8 Kohl-
blätter)
Salz

Für die Füllung:
2 Eier
¼ TL gemahlener Fenchel
¼ TL geriebene Muskatnuß
¼ TL gemahlener Kümmel
frischgemahlener Pfeffer
½ TL Salz
4 EL feingemahlener
Weizen

400 g Möhren
4 EL gehackte Petersilie

Für die Sauce:
150 g Zwiebeln
2 EL Butter oder Öl
¼—⅓ TL Kurkuma
3—5 EL Wasser
¼ TL Salz
100—150 g saure Sahne
1—2 EL gehackte oder
gehobelte Mandeln

8 Wirsingblätter vom Strunk lösen und in kochendem (ungesalzenen) Wasser kurz blanchieren, bis sie weich sind. Nicht zuviel auf einmal garen. Die Blätter herausnehmen, abtropfen und abkühlen lassen. Die dicken Mittelrippen eventuell flach schneiden, so daß sich die Blätter leicht rollen lassen.

Für die Füllung die Eier mit den Gewürzen, dem Salz und dem Mehl verrühren. Die Möhren fein reiben und mit der Petersilie unter den Teig mischen. Die Menge in 8 Portionen aufteilen.

Die Wirsingblätter leicht salzen, mit der Füllung belegen (Strunkseite), die Blattränder einschlagen und fest aufrollen. Mit der Nahtseite nach unten in einen Dünsteinsatz legen.

Einen Topf 2—3 cm hoch mit Wasser füllen und das Wasser zum Kochen bringen. Den Dünsteinsatz hineinstellen und die Wirsingrollen in etwa 25 Minuten gar dämpfen.

Inzwischen für die Sauce die Zwiebeln sehr fein würfeln und in dem Fett andünsten. Das Kurkumapulver unterrühren und das Wasser zugießen. Die Zwiebeln etwa

10 Minuten dünsten. Das Salz einstreuen und die saure Sahne unterrühren. Die Sauce noch einmal erwärmen, aber nicht mehr kochen.
Die Wirsingrollen auf einer flachen Schüssel anrichten, die Sauce darübergießen und die Mandeln aufstreuen.

Dazu passen:
Erbsenpüree (s. Seite 159) und Kurkuma-Kartoffeln (s. Seite 85). Wenn es echt indisch sein soll, noch indisches Fladenbrot (Chapati) (s. Seite 204) dazu servieren.

Gefüllte Zucchini auf arabische Art

Für die Füllung:
300 g Wasser
knapp ½ TL Salz
150 g Hirse
75 g Zwiebeln
1—2 EL Öl
2—3 EL ungeschwefelte Rosinen (Weinbeeren)
2 EL Pinienkerne, gehackte Mandeln oder Nüsse
⅓ TL gemahlener Piment
1 EL gehackte Petersilie

Für die Zucchini und die Gemüsemischung:
4—8 kleine bis mittelgroße Zucchini (800—1000 g Bruttogewicht)

60 g Zwiebeln
2 EL Öl
1 Msp Zimtpulver
frischgemahlener Pfeffer
⅛ TL Salz
200 g Tomaten

Zum Servieren:
200—250 g Joghurt (Zimmertemperatur)
½—¾ TL getrocknete Minze, zerrieben
½ zerdrückte Knoblauchzehe
1 Prise Salz

Für die Füllung das Wasser mit dem Salz zum Kochen bringen. Die heiß gewaschene Hirse zugeben und bei schwacher Hitze etwa 15 Minuten knapp gar kochen bzw. ausqellen lassen.

Die Zwiebeln fein würfeln und in dem Öl dünsten. Mit den Rosinen, den Pinienkernen bzw. Nüssen, dem Piment und den Kräutern unter die abgekühlte Hirse mischen.

Die Zucchini, wie in dem Rezept »Gefüllte Zucchini auf persische Art« (s. Seite 86) beschrieben, aushöhlen und mit der Hirsemasse füllen.

Die gefüllten Zucchini nebeneinander in einen Dämpfeinsatz legen und 20—25 Minuten dämpfen. Sie können die gefüllten Zucchini auch in einem Topf mit großem Durchmesser oder in einer Bratpfanne in wenig Wasser dünsten.

Inzwischen für die Gemüsemischung die Zwiebeln und das herausgelöste Zucchinifleisch würfeln. Das Öl erhitzen und die Zwiebelwürfel darin andünsten. Das Zucchinifleisch zugeben und das Gemüse zugedeckt knapp 10 Minuten garen. Wenn erforderlich, ein wenig Wasser zugeben. Mit dem Zimt, dem Pfeffer und dem Salz würzen. Die Tomaten in Würfel schneiden und zugeben. Alles noch 5 Minuten ziehen lassen.

Die Gemüsemischung in eine Schüssel füllen und die gefüllten Zucchini darauf legen. Den Joghurt mit der Minze, dem Knoblauch und dem Salz cremig rühren und unmittelbar vor dem Servieren über die Zucchini gießen.

Dazu paßt:
Fladenbrot.

Lauchröllchen

Für etwa 30 Stück:

3—4 dicke Stangen Lauch
250 g Tomaten
½ TL Paprikapulver
1 Prise Salz
60 g geriebener Käse
(Gouda oder Emmentaler)

Für die Füllung:
75 g Weizen, grob geschrotet
75 g Grünkern oder Nacktgerste, grob geschrotet

250 g Wasser
1 Ei
1 TL Paprikapulver
½ TL gemahlener Kreuzkümmel
½—1 TL getrockneter Thymian, zerrieben
½ TL Salz oder 1 TL gekörnte Brühe
1—3 EL feingemahlener Weizen

Für die Form:
Butter oder Öl

Die gewaschenen und längs halbierten Lauchstangen auf 15 cm Länge kürzen. (Das abgeschnittene Grün für eine Suppe oder für ein anderes Gemüsegericht verwenden.) Die Lauchstangen im Einsatz etwa 3—5 Minuten dämpfen, bis sie weich sind. Abkühlen lassen.

Für die Füllung den Getreideschrot mit dem Wasser, wie in dem Rezept »Orientalische Getreiderolle« (s. Seite 132) beschrieben, zu einem dicken Brei kochen und ausquellen lassen.

Unter die abgekühlte Getreidemasse das verquirlte Ei, die Gewürze und das Salz bzw. die gekörnte Brühe rühren. So viel Mehl untermischen, daß ein relativ fester Teig entsteht.

Die Lauchstangen in einzelne Blätter (insgesamt etwa 30 Stück) zerteilen. Auf jedes Blatt eine Kugel Getreidebrei geben und das Blatt aufrollen. Im Durchmesser sollen die Röllchen etwa 2 cm dick sein.

Eine Auflaufform einfetten und die Lauchröllchen mit der Nahtseite nach unten dicht nebeneinander hineinlegen. Die Tomaten pürieren oder sehr fein würfeln. Mit dem

Salz und dem Paprika würzen und über die Röllchen gießen.
Im Backofen bei 200°C auf der mittleren Schiene etwa 20 Minuten backen. Dann den Käse darüberstreuen und nochmals 10 Minuten überbacken, bis der Käse geschmolzen ist.

Gefüllte Äpfel

Für dieses Gericht eignen sich nur säuerliche, feste Äpfel.

Für die Füllung:
100 g Zwiebeln
2 EL Öl
250 g gekochte Erbsen
(etwa 110 g Trocken-
gewicht)
250 g gekochter Natur-
reis
(etwa 90 g Trocken-
gewicht)
½ TL geriebener Muskat
½ TL gemahlener Pfeffer
½ TL Zimtpulver
⅔ TL Salz
2 EL gehackte Petersilie

Für die Äpfel:
8 mittelgroße Äpfel (etwa
1000 g Bruttogewicht)
200 g Zwiebeln
⅓ TL Salz
2 Msp gemahlener Pfeffer
2 EL Öl
6 EL Wasser
50 g Sahne

Für die Form:
Butter

Für die Füllung die Zwiebeln würfeln und in dem Öl dünsten. Die übrigen Zutaten für die Füllung mit den Zwiebeln vermengen. Von jedem Apfel am Stielende eine Scheibe abschneiden. Das Kerngehäuse ausstechen, dabei am Boden 1 cm vom Fruchtfleisch stehenlassen. Die Äpfel mit einem Löffel aushöhlen und mit der Erbsen-Reis-Mischung füllen.

Die Zwiebeln mittelfein würfeln und die Apfelscheiben und das herausgelöste Apfelfleisch zerkleinern (eventuell nicht alles verwenden). Die Zwiebel- und Apfelwürfel mischen, salzen und pfeffern. In eine gefettete hohe Auflaufform füllen. Das Öl darüberträufeln und das Wasser zugießen. Die gefüllten Äpfel daraufsetzen.

Die Form mit Alu-Folie abdecken. Im Backofen bei 200°C auf der unteren Schiene 20 Minuten backen. Dann auf 180°C zurückschalten und noch etwa 25 bis 40 Minuten backen, bis alles weich ist. Die gefüllten Äpfel dürfen nicht zerfallen.

Auf einer flachen Schüssel anrichten.

Unter das Apfel-Zwiebel-Gemisch die Sahne rühren. Einen Teil davon pürieren, damit das Ganze saucig wird. Je nach Apfelsorte kann noch etwas Wasser zugegeben werden.

Die Mischung über die Äpfel gießen oder um die Äpfel verteilen.

Dazu passen:
Fladenbrot oder Brötchen.

Gefüllte Weinblätter oder gefüllte Salatblätter

Gefüllte Weinblätter sind meist als türkische oder griechische Spezialität bekannt. Man schätzt sie jedoch in den übrigen Ländern des Vorderen Orients ebenso. Frische Weinblätter zu bekommen, wird für viele unmöglich sein. Hier muß/darf auf eingelegte zurückgegriffen werden. Als Alternative bieten sich auch die Blätter des Bindesalat oder römischen Salats an. Wirsing- oder Weißkohlblätter eignen sich auch, sagen mir persönlich aber geschmacklich nicht so zu.

Für etwa 25 Rollen:

25 eingelegte Weinblätter (oder Blätter vom Bindesalat/römischen Salat)

Für die Füllung:
125 g Zwiebeln
1—2 EL Öl
100 g Naturreis oder Nacktgerste, nach dem Grundrezept (s. Seite 115) gekocht
50 g feingehackte Nüsse

$1/3$—$2/3$ TL getrocknete Minze, zerrieben
2 EL gehackter Dill
$1/4$—$1/2$ TL gemahlener Piment
1 Msp gemahlener Pfeffer
$1/3$ TL Salz

Zum Servieren:
1 Zitrone
250 g Joghurt (Zimmertemperatur)
1 Prise Salz
1 Msp Zimtpulver (nach Belieben)

Die Weinblätter gründlich spülen und mit kochendem Wasser übergießen. Die Blätter ausnahmsweise kurz weichen lassen, um das überschüssige Salz zu entfernen. Kalt abspülen.
Für die Füllung die Zwiebeln fein würfeln und in dem Öl dünsten. Alle Zutaten für die Füllung vermischen.
Zum Füllen jeweils ein Blatt mit der rauhen Seite nach oben legen und die Stengelseite nach unten ausrichten.

Je 1 EL Füllung auf die Mitte bzw. die Stengelseite legen, die Seiten einschlagen und das Blatt fest zusammenrollen.

Falls Sie Salatblätter verwenden, diese ganz kurz in kochendem, ungesalzenen Wasser blanchieren. Wenn nötig, die Blattrippen etwas flach schneiden. Die Blätter in der Länge etwas kürzen (Rest für eine Suppe verwenden) und leicht salzen. Etwa 2 cm vom unteren Rand eines Blattes 1 EL Füllung geben, das untere Ende dann darüberschlagen, die Seitenkanten einschlagen und das Blatt fest aufrollen.

Die gefüllten Röllchen nebeneinander in einen Dämpfeinsatz legen. Die Weinblätter etwa 20—25 Minuten, die Salatblätter 15—20 Minuten dämpfen.

Nach Belieben über die gegarten Röllchen Zitronensaft träufeln oder die Röllchen mit Zitronenscheiben garniert anrichten.

Heiß oder kalt servieren.

Dazu den mit Salz und gegebenenfalls Zimt verrührten Joghurt reichen.

Gefüllte Tomaten

Als Füllung habe ich hier eine Linsen-Reis-Mischung gewählt. Sie ist keine traditionelle Tomatenfüllung. Ich finde jedoch, daß der säuerliche Geschmack der Tomaten sehr gut mit dem Geschmack der Linsen harmoniert.

Für die Füllung:
120 g Naturreis
120 g braune Linsen
480 g Wasser
100 g Zwiebeln
100 g Lauch
1—2 EL Öl
½ TL gemahlener Koriander
½ TL gemahlener Pfeffer
⅔ TL Salz
1—2 zerdrückte Knoblauchzehen (nach Belieben)

Für die Tomaten:
8—12 mittelgroße Tomaten (1000—1200 g Bruttogewicht)
¼ TL gemahlener Piment oder Zimtpulver
1 Prise Salz
1—2 EL Öl
2 EL gehackte Petersilie

Für die Form:
Butter oder Öl

Für die Füllung den Reis und die Linsen waschen, mit dem Wasser aufsetzen und etwa 40 Minuten bei schwacher Hitze garen.
Inzwischen die Zwiebeln fein würfeln und den Lauch in feine Streifen schneiden. Das Öl erhitzen und die Zwiebeln darin andünsten. Den Lauch zugeben und das Gemüse etwa 5 Minuten dünsten. Wenn nötig, 1—2 EL Wasser zugießen. Das Zwiebel-Lauch-Gemüse mit den Gewürzen, dem Salz und dem Knoblauch unter die Linsen-Reis-Mischung heben.
Von jeder Tomate am Stielende einen dünnen Deckel abschneiden. Mit einem spitzen Löffel das Fruchtfleisch herauslösen und beiseite stellen. Die ausgehöhlten Tomaten mit der Linsen-Reis-Mischung füllen und die Deckel darauflegen.

Das herausgelöste Tomatenfleisch würfeln und in eine gefettete Auflaufform füllen. Den Piment bzw. den Zimt und das Salz darüberstreuen. Die gefüllten Tomaten daraufsetzen und mit dem Öl beträufeln.
Das Ganze in dem auf 200°C vorgeheizten Backofen auf der unteren Schiene etwa 25 Minuten backen.
Mit der Petersilie bestreuen.

Dazu passen:
Fladenbrot oder Brötchen.

Kohlrollen mit Kartoffel-Füllung

Für 8—12 Rollen:

1 mittelgroßer Kohlkopf
70 g Zwiebeln
2 EL Butter oder Öl
½ TL gemahlener Koriander
⅓ TL Kurkuma
⅛ l Wasser
⅓ TL Salz
1—2 EL feingeraspelter frischer Ingwer
150 g saure Sahne

Für die Füllung:
400 g Kartoffeln, in der Schale gegart

125 g Zwiebeln
2—3 EL Butter oder Öl
⅓—½ TL gemahlener Kreuzkümmel
⅓ TL Kurkuma
½ TL gemahlener Koriander
1 Msp gemahlener Pfeffer
1 Msp gemahlener Kardamom
1 Msp gemahlene Nelken
1 Msp Zimtpulver
1 Hauch Cayennepfeffer (nach Belieben)
⅓ TL Salz
2—3 EL gehackte Petersilie

Den Strunk vom Kohl herausschneiden und den Kopf (Strunkende nach oben) in einen großen Topf mit ungesalzenem, kochendem Wasser legen. 5—10 Minuten ko-

chen, bis sich die erforderlichen 8—12 Blätter ablösen lassen und weich sind. Eventuell den Vorgang wiederholen. Falls die Blätter nach dem Ablösen nicht weich genug sind, noch einmal einzeln blanchieren. Die Blätter abkühlen lassen.
Inzwischen für die Füllung die Kartoffeln schälen und in etwa 1 cm große Würfel schneiden. Die Zwiebeln fein würfeln.
Das Fett erhitzen und die Zwiebeln darin goldgelb dünsten. Die Gewürze und die Kartoffeln zugeben und unter Rühren kurz anbraten. Alles salzen und die Petersilie untermischen.
Zum Füllen der Blätter die dicken Mittelrippen flach schneiden, sehr große Blätter etwas zuschneiden. Jedes Kohlblatt leicht salzen, 1—2 EL der Füllung daraufgeben, das Blattende und die Blattränder einschlagen und fest aufrollen.
Die Rollen mit der Nahtseite nach unten nebeneinander in einen Dünsteinsatz legen. 20—25 Minuten dämpfen.
Vom Kohlrest 400 g raspeln. Die restlichen Zwiebeln würfeln. Die Zwiebelwürfel in dem Fett andünsten. Den Koriander und das Kurkumapulver untermischen, den Kohl zugeben und das Wasser angießen. Zugedeckt etwa 20 Minuten bei schwacher Hitze dünsten. Das Gemüse salzen und den Ingwer unterrühren. Zum Schluß die saure Sahne unterziehen. Das Gemüse soll etwas saucig sein.
Die Kohlrollen in eine flache Schüssel legen und das Gemüse darübergießen.

Dazu paßt:
Reis.

Kohlrabi mit Haferfüllung

Für die Füllung:
100 g Lauch und/oder Zwiebeln
2 EL Öl
150 g Nackthafer, nach dem Grundrezept (siehe Seite 115) in 220 g Wasser gekocht
¼ TL gemahlener Pfeffer
¼ TL gemahlener Kardamom
¼ TL gemahlener Koriander
2 Msp Zimtpulver
2 Msp gemahlener Kreuzkümmel
1 Prise Nelken
frischgeriebene Muskatnuß
knapp ½ TL Salz

70 g gehackte Haselnüsse
1 EL gehackte Petersilie

Für die Kohlrabi und die Gemüsemischung:
4 mittelgroße oder 8 kleine Kohlrabi (1000—1200 g Bruttogewicht)
200 g Lauch
2 EL Öl
5 EL Wasser
¼ TL gemahlener Koriander
2 Msp geriebene Muskatnuß
⅓—½ TL Kurkuma
frischgemahlener Pfeffer
⅓ TL Salz

Für die Füllung den Lauch in feine Streifen schneiden und/oder die Zwiebeln fein würfeln. In dem Öl knapp gar dünsten. Die übrigen Zutaten für die Füllung mit dem Gemüse vermengen.

Die Kohlrabi vorbereiten: Die zarten Kohlrabiblättchen abtrennen und beiseite legen. Von jeder geschälten Kohlrabiknolle eine Scheibe abschneiden und die Kohlrabi mit einem spitzen Löffel bis auf einen 0,5 bis 1 cm breiten Rand aushöhlen.

Die Kohlrabi mit der Hafermischung füllen. Im Dämpfeinsatz garen oder in wenig Wasser dünsten. Die Garzeit beträgt 20—25 Minuten.

Während die Kohlrabi garen, den restlichen Lauch in 2—3 cm breite Streifen schneiden. Das herausgelöste

Kohlrabifleisch und die abgeschnittenen Scheiben zerkleinern.
Das Öl erhitzen, das Kohlrabifleisch und das Wasser zufügen. Zugedeckt dünsten. Nach 5 Minuten den Lauch zugeben und noch etwa 10 Minuten garen, bis das Gemüse weich ist.
Mit den Gewürzen und dem Salz abschmecken.
Das Kohlrabi-Lauch-Gemüse in eine Schüssel geben, die gefüllten Kohlrabi daraufsetzen und mit den Kohlrabiblättern garnieren.

Dazu passen:
Griechische Zitronensauce (s. Seite 51) und Fladenbrot oder Brötchen.

Gemüse als Auflauf, Bratlinge und Klößchen

Weißkohlauflauf

750 g Weißkohl
70 g Zwiebeln
1 EL Öl
½ TL gemahlener Koriander
½—1 TL Paprikapulver
⅓ TL gemahlener Pfeffer
1 TL getrocknetes Basilikum
⅛ l Wasser

200 g Naturreis oder Grünkern, nach dem Grundrezept (s. Seite 115) gegart
1 TL Salz
250 g Tomaten
3 Eier
150 g saure Sahne
100 g Käse (z. B. Gouda)

Für die Form:
Butter

Den Weißkohl grob raspeln, hobeln oder in feine Streifen schneiden und die Zwiebeln würfeln.

Die Zwiebelwürfel in dem Öl andünsten. Den Weißkohl zugeben, die Gewürze und das Basilikum untermischen. Das Wasser angießen und das Gemüse zugedeckt etwa 20 Minuten nicht zu weich dünsten.
Den Kohl mit dem Getreide vermischen und alles salzen. Die Tomaten würfeln. Die Eier mit der Sahne verquirlen.
Die Weißkohl-Getreide-Mischung mit den Tomatenwürfeln und der Eiersahne vermengen. Alles in eine gebutterte Auflaufform (26—28 cm Ø oder 20×30 cm) füllen.
Im Backofen bei 180—200 °C etwa 30 Minuten backen. Den Käse reiben oder raspeln und über den Auflauf streuen. Noch 10 Minuten überbacken, bis der Käse geschmolzen ist.

Gemüsebratlinge

Gemüsebratlinge, die auch als Frikadellen, Puffer, Fladen, Klößchen, Kotelett und, orientalischer, als Koftas bezeichnet werden, kann man praktisch aus jeder Gemüseart zubereiten.
Üblicherweise wird das Gemüse gegart, bevor es zerkleinert und mit Mehl und Eiern zu einem Teig vermischt wird. Das vorherige Garen ist aber in der Regel nicht erforderlich. Sie können das Gemüse ungekocht fein reiben, raspeln oder auch durch den Fleischwolf drehen.
Der Gemüseteig wird als Klößchen oder flache Plätzchen in Fett gebraten, kann aber auch im Backofen gebacken werden.
In den Ländern des Vorderen Orients werden die Gemüsebratlinge mit Brot oder Joghurt serviert. Sie sind als Vorspeise beliebt — hier reicht ½ Rezeptmenge aus.
Die indischen »Koftas« läßt man gern in einer Sauce ziehen und serviert sie mit Reis.

Zwiebelbratlinge

2 Eier
½ TL Salz
¼—½ TL gemahlener Kreuzkümmel
⅔ TL gemahlener Koriander

100 g feingemahlener Weizen
500 g Zwiebeln

Zum Braten:
Kokosfett

Die Eier mit dem Salz und den Gewürzen verquirlen und das Weizenmehl unterrühren. Den Teig etwa 30 Minuten quellen lassen.
Die Zwiebeln grob raspeln und unter den Teig mischen. Etwas Kokosfett in einer Pfanne erhitzen. Jeweils 1 EL der Zwiebelmasse hineingeben und etwas flach streichen. Auf jeder Seite etwa 2—3 Minuten goldbraun braten.

Dazu passen:
Tomatensauce (s. Seite 182) und Fladenbrot. Sie können auch Reis dazu servieren.

Gefüllte Kartoffelplätzchen

*750 g festkochende
Kartoffeln
1 Ei
frischgemahlener Pfeffer
⅔ TL Salz
100—150 g feinge-
mahlener Weizen*

*1—2 EL Öl
¼ TL gemahlener Piment
1 Hauch Cayennepfeffer
1 Prise Salz
125 g feste Tomaten
3—4 EL gehackte Peter-
silie*

Für die Füllung:
125 g Zwiebeln

Zum Braten:
Kokosfett

Die Kartoffeln mit der Schale im Einsatz dämpfen. Noch heiß schälen, durch die Kartoffelpresse drücken und abkühlen lassen.
Das verquirlte Ei und die übrigen Zutaten unterrühren. Es soll ein fester, formbarer Teig entstehen. Wenn erforderlich, noch etwas Mehl untermischen (der Mehlanteil ist von der Sorte und dem Alter der Kartoffeln abhängig).
Für die Füllung die Zwiebeln fein würfeln und in dem Öl dünsten. Die Gewürze und das Salz zufügen und die Zwiebeln abkühlen lassen.
Die Tomaten in sehr feine Würfel schneiden und mit der Petersilie vorsichtig unter die Zwiebeln mischen.
Aus dem Kartoffelteig eine Rolle formen und diese in 8 Teile aufteilen. Aus jedem Teil ein Bällchen formen. 1 gehäuften TL der Füllung hineindrücken. Die Masse erneut zu einem Bällchen formen und anschließend zu einem Plätzchen flachdrücken.
Etwas Kokosfett in einer Pfanne erhitzen und die Plätzchen auf jeder Seite etwa 3—4 Minuten goldbraun braten.

Variante:
Probieren Sie auch einmal die Füllung für die Kichererb-

senrolle (s. Seite 175, Pflaumen durch Rosinen ersetzen).

Zucchinibratlinge

Zucchinibratlinge sind eine türkische und griechische Spezialität. In der Türkei serviert man sie mit Joghurt, in Griechenland bevorzugt man eine Knoblauchsauce dazu.

3 Eier
⅔ TL Salz
frischgemahlener Pfeffer
150 g feingemahlener Weizen
750 g Zucchini
2 EL gehackte Petersilie (oder gehackter Dill)

1 Prise Salz
1 zerdrückte Knoblauchzehe und/oder ½ TL getrocknete Minze, zerrieben oder
1 Rezept Griechische Knoblauchsauce (siehe Seite 185)

Zum Servieren:
300—400 g Joghurt

Zum Braten:
Kokosfett

Die Eier verquirlen, Salz, Pfeffer und das Weizenmehl unterrühren. Den Teig etwa 30 Minuten quellen lassen.
Inzwischen für die Saucenbeilage den Joghurt mit dem Salz, dem Knoblauch und gegebenenfalls der Minze verrühren (oder die Knoblauchsauce zubereiten.)
Die Zucchini grob raspeln und mit den Kräutern unter den Teig mischen.
Etwas Kokosfett in einer Pfanne erhitzen. Jeweils 1 EL der Zucchinimasse in das heiße Fett geben. Die Masse flachdrücken und auf jeder Seite etwa 2—3 Minuten goldbraun braten.

Sofort servieren. Die Sauce getrennt dazu reichen. Nach Belieben kann Fladenbrot dazu gegessen werden.

Variante:
Mischen Sie 100 g geriebenen Käse unter den Teig (griechische Version).

Gemüsebratlinge in Rahmsauce

500 g gemischtes Gemüse (z. B. Möhren, Sellerie, Kartoffeln)
1 Ei
1 weiteres Ei oder 50 g Quark
frischgeriebene Muskatnuß
frischgemahlener Pfeffer
⅓ TL Salz
80—100 g feingemahlener Weizen
2 EL ungeschwefelte Rosinen/Weinbeeren (nach Belieben)

Für die Sauce:
150 g Zwiebeln
2 EL Öl
½—⅔ TL Paprikapulver

¼ TL Zimtpulver
¼—⅓ TL gemahlener Kardamom
1—2 Msp gemahlener Kreuzkümmel
1—2 Msp geriebene Muskatnuß
frischgemahlener Pfeffer
400 g Wasser
2 EL feingemahlener Naturreis (oder feingemahlener Weizen)
½ TL Salz
1—2 zerdrückte Knoblauchzehen (nach Belieben)
125 g Sahne

Zum Braten:
Kokosfett

Das Gemüse im Einsatz knapp gar dämpfen und abkühlen lassen.
Das Ei/die Eier verquirlen, Quark, Gewürze, Salz und Weizenmehl unterrühren und den Teig 30 Minuten ruhen lassen.

Das Gemüse grob raspeln oder sehr fein würfeln und mit den Rosinen unter den Teig mischen. Falls die Masse zum Formen zu weich ist, noch etwas Mehl unterrühren. Mit nassen Händen flache, runde Klöße oder Röllchen (etwa 5 cm lang, 2 cm Ø) formen.

Für die Sauce die Zwiebeln sehr fein hacken und in dem Öl 5 Minuten dünsten. Die Gewürze untermischen und kurz mitbraten. Dann das Wasser zugießen und mit einem Schneebesen das Mehl einrühren. Unter Rühren zum Kochen bringen, die Platte ausschalten und die Sauce zugedeckt etwa 10 Minuten schwach kochen bzw. ausquellen lassen.

Inzwischen das Kokosfett in einer Pfanne erhitzen. Die Gemüsebratlinge (in 2 Portionen) von jeder Seite etwa 3 Minuten braten. In eine Schüssel legen, eventuell warm stellen.

Das Salz und den Knoblauch unter die Sauce rühren und die Sahne unterziehen. Die Sauce über die Bratlinge gießen.

Dazu paßt:
Reis.

Blumenkohlklößchen in aromatischer Zwiebelsauce

Für die Klößchen:
2 Eier
⅓ TL Salz
frischgeriebene Muskatnuß
1 EL Quark
100 g feingemahlener Weizen
400 g Blumenkohl

Für die Form:
Butter oder Öl

Für die Sauce:
200—250 g Zwiebeln
3 EL Öl
¼ TL Zimtpulver
1—2 Msp gemahlener Kardamom
1 TL gemahlener Koriander
1 Msp gemahlene Nelken
50 g gemahlene Mandeln oder Cashewnüsse
200 g Wasser
½ TL Salz
1 TL feingeraspelter frischer Ingwer
200 g saure Sahne

Zum Garnieren:
1 EL gehackte oder gehobelte Mandeln

Die Eier verquirlen und Salz, Muskat, Quark und Weizenmehl unterrühren. Den Teig 15 Minuten quellen lassen.
Den Blumenkohl sehr fein raspeln oder reiben und mit dem Teig vermischen. Aus der Gemüsemasse walnußgroße Klößchen formen und in eine gefettete Auflaufform legen. Bei 200 °C im Backofen 25—30 Minuten backen.
Inzwischen für die Sauce die Zwiebeln sehr fein würfeln. Das Öl erhitzen und die Zwiebeln darin andünsten. Die Gewürze einen Moment mitbraten. Die gemahlenen Mandeln oder Nüsse zugeben und das Wasser angießen. Zugedeckt bei schwacher Hitze 10—15 Minuten kochen, bis die Sauce sämig ist.
Das Salz und den Ingwer unterrühren und die Sahne darunterziehen. (Wenn die Sauce zu dickflüssig gewor-

den ist, etwas Wasser zugießen.) Die Sauce noch einmal erwärmen, nicht kochen lassen.
Die gebackenen Blumenkohlklößchen vom Boden der Auflaufform lösen.
Die Sauce über die Klößchen gießen.
Mit den Mandeln bestreuen.

Dazu paßt:
Gelber Reis (s. Seite 122).

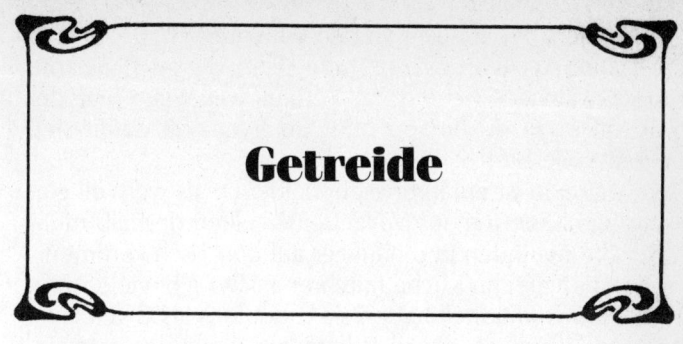

Getreide

Getreide, ein preiswertes, gut lager- und transportfähiges Lebensmittel, hat für die Ernährung der Menschheit eine zentrale Bedeutung. Weltweit liefert es zum Beispiel 45 % der aufgenommenen Proteine (Europa und USA 20 %). Es ist damit für die Eiweißversorgung wichtiger als alle Eiweißquellen tierischer Herkunft.

Getreide enthält fast alle Inhaltsstoffe, die der Mensch benötigt, in ausreichender Menge: Eiweiß, Fett, Mineralstoffe, Vitamine, Kohlenhydrate. Nur wenige fehlen (z. B. Vitamin C) oder sind nicht ausreichend vorhanden (Vitamin A, Calzium). Darüber hinaus ist es reich an Ballaststoffen, die nicht nur die Darmtätigkeit anregen, sondern auch den Stoffwechsel positiv beeinflusen und die Abwehrkräfte stärken.

Die Nährstoffe sind ungleichmäßig im Korn verteilt. Vitamine, Mineralstoffe, Fett und Ballaststoffe finden sich hauptsächlich in den Randschichten und im Keimling. Die Stärke, Hauptbestandteil des Getreides, konzentriert sich im Mehlkörper. Randschichten und Keimling werden aber gerade bei der Herstellung von Auszugsmehl abgetrennt. Die dadurch entstehenden Verluste betragen bei den Vitaminen 60 bis 90 %, bei den Mineralstoffen 55 bis 90 % und bei den Ballaststoffen 80 bis 95 %.

Bedeutsam für die Ernährung in der Bundesrepublik sind

besonders die Verluste an den Vitaminen B_1, B_2, B_6 und Folsäure sowie an Calzium und Eisen, die auch als kritische Nährstoffe bezeichnet werden, weil weite Teile der Bevölkerung nur knapp oder unterversorgt damit sind (Ernährungsbericht 1984).
Vollgetreide ist ernährungsphysiologisch als wertvoll einzustufen. Speisen aus Vollgetreide sollten deshalb mehr Beachtung finden und häufiger auf den Tisch kommen.
Die orientalische Küche mit ihren Pilaws gibt viele Anregungen. Traditionell haben sie meist Reis als Grundlage. Jedoch kann die ganze Palette der Getreidesorten genutzt werden.
Die in den Rezepten jeweils angegebene Getreidesorte ist als Vorschlag gedacht und kann nach Belieben durch jede andere Getreidesorte ersetzt werden. Berücksichtigen Sie dabei aber die unterschiedlichen Garzeiten und benötigten Wassermengen.
Getreidebratlinge und Getreidebraten sind keine echten orientalischen Speisen. Sie sind Alternativen zu den üblichen Hackfleischfrikadellen. Typisch für den Orient ist jedoch, daß der Fleischmasse ein großer Anteil Weizenschrot zugesetzt wird. Er kann bis zur Hälfte der Gesamtmasse ausmachen.
Bekannt sind in diesem Zusammenhang auch Fleischklößchen in einer Weizenschrothülle.

Getreide körnig gekocht

Grundrezept für das Kochen von Getreide

Für das Kochen von Getreide, insbesondere von Reis, gibt es viele Rezeptanweisungen. Ob Ägypter, Perser, Syrer, Inder oder Libanesen — jeder hat seine eigene Methode. Diese Methoden reichen vom Kochen in viel Wasser bis zum Anschmoren in Öl. Im folgenden nun ein Vorschlag, Getreide schonend zuzubereiten.

Zu beachten:
Einweichzeit für Gerste, Weizen und Roggen: 6—10 Stunden

250 g Getreide
400—500 g Wasser
Gewürze (nach Belieben)
½ TL Salz oder 1 TL gekörnte Brühe
frische Kräuter (nach Belieben)
1 Stück Butter (nach Belieben)

Das Getreide kalt waschen (Ausnahme: Hirse heiß waschen) und abtropfen lassen.
Das Getreide in das Wasser geben. Roggen, Weizen und Gerste müssen 6—10 Stunden quellen. Reis, Grünkern und Hafer können für 2 Stunden, müssen aber nicht eingeweicht werden. Die Garzeit wird durch das Einweichen um etwa 10—15 Minuten verkürzt. Hirse wird nicht eingeweicht.
Das Getreide mit den Gewürzen in dem Wasser/Einweichwasser zum Kochen bringen (Ausnahme: Hirse kann in das kochende Wasser eingestreut werden). Die Hitze sofort reduzieren. Das Getreide zugedeckt bei *kleinster Hitze* garen, bis es weich, aber noch körnig ist. Dann salzen und auf der ausgeschalteten Platte etwas nachquellen lassen.

Das Getreide mit der Gabel auflockern und nach Belieben Kräuter, Nüsse oder Butter unterziehen.
Die Garzeiten für Getreide sind unterschiedlich. Sie hängen ab von der gewählten Getreidesorte, können aber auch innerhalb einer Getreidesorte schwanken.
Die benötigte Menge Kochwasser wird ebenfalls durch die Getreidesorte beeinflußt. Sie sollte so bemessen sein, daß das Wasser während des Kochvorganges praktisch aufgesogen wird.

> Hier ein paar *Richtwerte* für Garzeiten und Flüssigkeitsmengen: Die Angaben beziehen sich auf 250 g Getreide, was in der Regel einer Menge für 4 Personen entspricht.

Grünkern:
Kochwasser: 400 g
Garzeit: 30 Minuten (ohne Einweichen)
Nachquellzeit: 10 Minuten

Hirse:
Kochwasser: 500—550 g Wasser
Garzeit: 10 Minuten
Nachquellzeit: 10 Minuten

Nackthafer:
Kochwasser: 360 g
Garzeit: 30 Minuten (ohne Einweichen)
Nachquellzeit: 10 Minuten

Nacktgerste:
Kochwasser: 450 g
Garzeit: 45 Minuten
Nachquellzeit: 10 Minuten

Naturreis:
Kochwasser: 500 g
Garzeit: 30 Minuten (ohne Einweichen)
Nachquellzeit: 10 Minuten

Roggen:
Kochwasser: 450 g
Garzeit: 60—70 Minuten
Nachquellzeit: 20 Minuten

Weizen:
Kochwasser: 450 g
Garzeit: 50 Minuten
Nachquellzeit: 10—20 Minuten

Gekochtes Getreide läßt sich über einige Tage im Kühlschrank aufbewahren.

Ägyptische Tomatenhirse

Für diesen Hirse-Pilaw eignen sich gut die im Sommer preiswert angebotenen Suppentomaten.

60 g Zwiebeln
600 g Tomaten
250 g Hirse
½ TL Piment
¾ TL Paprikapulver
½ TL Salz

1 Lorbeerblatt
1 zerdrückte Knoblauchzehe (nach Belieben)
1 EL Butter (nach Belieben)

Die Zwiebeln mit den Tomaten im Mixer fein pürieren. Die heiß gewaschene Hirse mit dem Püree, den Gewürzen, dem Salz und dem Lorbeerblatt zum Kochen bringen. Bei schwächster Hitze etwa 10 Minuten kochen und auf der ausgeschalteten Platte 10 Minuten nachquellen lassen.
Nach Belieben die Knoblauchzehe und die Butter unterziehen.

Dazu passen:
Grüne Bohnen mit Nüssen (s. Seite 71), Kürbisgemüse auf türkische Art (s. Seite 77) oder Spinatgemüse.

Grüne Gerste
(persische Art)

Zu beachten:
Einweichzeit für Gerste: 6—10 Stunden

250 g Nacktgerste	1 Bund Dill
400 g Wasser	100 g Spinat
60 g Zwiebeln	½ TL Salz
1 EL Öl	½ TL Pfeffer
1—2 Bund Petersilie	

Die Gerste nach dem Grundrezept (s. Seite 115) einweichen.
Die Zwiebeln fein würfeln und in dem Öl andünsten. Die eingeweichte Gerste mit dem Wasser zugeben, aufkochen und bei schwacher Hitze etwa 45—50 Minuten kochen.
Wenn die Gerste gar ist, die Kräuter und den Spinat in 50 g Wasser pürieren. Mit dem Salz und dem Pfeffer unter das Getreide mischen.
Auf der ausgeschalteten Platte 5—10 Minuten ziehen lassen bzw. nachquellen lassen.
Wenn Sie keinen Mixer haben, können Sie die Kräuter und den Spinat sehr fein hacken. Die Gerste in diesem Fall mit 450 g Wasser aufsetzen.

Dazu passen:
Kürbisgemüse mit Tomaten (s. Seite 77) oder Blumenkohl mit Nüssen (s. Grüne Bohnen mit Nüssen).

Kokosnuß-Reis

Für 4—5 Personen:

100 g frisches Kokosnuß-
fleisch
580 g Wasser
250 g Naturreis

1—2 Msp gemahlene
Nelken
1—2 Msp gemahlener
Kardamom
1—2 Msp Zimtpulver
½ TL Salz

Das grob zerteilte Kokosnußfleisch mit etwa ¼ der Wassermenge pürieren.
Das Kokospüree in einen Topf geben und das restliche Wasser zugießen. Den gewaschenen Reis einstreuen, die Gewürze zugeben und alles zum Kochen bringen. 30 bis 35 Minuten bei ganz schwacher Hitze köcheln.
Den Reis salzen und 10 Minuten nachquellen lassen.

Paßt zu:
Gurken mit Lauchzwiebeln (s. Seite 82), Arabischen Möhren (s. Seite 75) oder Gebackenen Auberginen mit Birnen (s. Seite 89).

Varianten:
1. Sie können auch getrocknete Kokosflocken verwenden. Nehmen Sie dann 80 g Kokosflocken und 625 g Wasser.
2. Lassen Sie die Gewürze weg. Dann paßt auch: Gedünsteter Lauch mit Pflaumen (s. Seite 78) dazu.

Gewürzter Reis auf afghanische Art

Dieser Reis war das erste Gericht, das ich von der afghanischen Küche kennenlernte und das mich auf weitere afghanische Speisen neugierig werden ließ.

Für 4—5 Personen:

50 g Zwiebeln
1 EL Öl
⅔ TL gemahlener Kardamom
¼ TL Zimtpulver
¼ TL gemahlener Pfeffer
500 g Wasser
250 g Naturreis
100 g Möhren
50 g ungeschwefelte Rosinen (Weinbeeren)
½ TL Salz

Die Zwiebeln fein würfeln und in dem Öl andünsten. Die Gewürze zugeben und ganz kurz mitschmoren. Das Wasser und den gewaschenen Reis zugeben. Alles zum Kochen bringen und bei schwacher Hitze etwa 25 Minuten köcheln.
Inzwischen die Möhren raspeln oder in sehr dünne Stifte schneiden. Die Rosinen waschen.
Die Möhren, die Rosinen und das Salz unter den Reis mischen und weitere 15 Minuten garen.

Dazu passen:
Spinat- oder Lauchgemüse oder auch Kürbisgemüse auf türkische Art (s. Seite 77).

Gewürzter Reis auf arabische Art

Für 4—5 Personen:

50 g Zwiebeln
1 EL Öl
¼ TL Pfeffer
¼ TL gemahlener Kardamom
¼ TL Zimtpulver
½ TL Kurkuma
1—2 Msp gemahlener Koriander

1 Prise gemahlene Nelken
1 Prise gemahlener Kreuzkümmel
1 Prise geriebene Muskatnuß
500 g Wasser
250 g Naturreis
½ TL Salz
3 EL gehobelte oder gehackte Mandeln (nach Belieben geröstet)

Die Zwiebeln fein würfeln und in dem Öl andünsten. Die Gewürze zufügen und einen Moment mitschwitzen lassen. Das Wasser und den gewaschenen Reis zugeben. Alles zum Kochen bringen und bei schwacher Hitze etwa 30 Minuten garen.
Den Reis salzen und 10 Minuten nachquellen lassen. Zum Schluß die Mandeln untermischen.

Paßt zu:
Lauch-Sellerie-Gemüse (s. Seite 74), Kürbisgemüse auf türkische Art (s. Seite 77), Gurken mit Lauchzwiebeln (s. Seite 82) oder Spinatgemüse (s. Seite 176).

Tip:
Wenn ein Gericht eine Reihe verschiedener Gewürze verlangt, geben Sie diese bereits vorher in ein Extragefäß.
Dann haben Sie Ruhe und die Gefahr einer Verwechslung oder einer doppelten Zugabe ist geringer.

Gelber Reis

(Foto Seite 80)

50 g Zwiebeln
1 EL Butter oder Öl
1 TL Kurkuma

500 g Wasser
250 g Naturreis
½ TL Salz

Die Zwiebeln sehr fein würfeln und in der Butter goldgelb andünsten. Kurkuma kurz mitschwitzen lassen.
Das Wasser und den gewaschenen Reis zugeben. Alles zum Kochen bringen und bei schwächster Hitze etwa 30 Minuten kochen.
Den Reis salzen und noch 10 Minuten nachquellen lassen.

Paßt zu:
Kichererbsenklößchen in Spinatgemüse (s. Seite 176), Blumenkohlklößchen in aromatischer Zwiebelsauce (s. Seite 110), Gemüse mit Kokosnuß (s. Seite 80) oder Gebackenen Auberginen mit Birnen (s. Seite 89).

Weizen-Nuß-Pilaw

Zu beachten:
Einweichzeit für Weizen: 6—10 Stunden

Für 4—5 Personen:

250 g Weizen
450 g Wasser
50—70 g gehobelte oder gehackte Haselnüsse oder Mandeln

1 TL feingeraspelter frischer Ingwer (nach Belieben, je nach Beilage)
½ TL Salz
1 EL Butter (nach Belieben)

Den Weizen nach dem Grundrezept (s. Seite 115) in dem Wasser einweichen und kochen.

Die Nüsse, den Ingwer und das Salz unter den gegarten Weizen mischen. Wenn gewünscht, die Butter unterziehen.
Die Mandeln oder Nüsse haben mehr Aroma, wenn sie vorher im Backofen bei 200°C 6—8 Minuten oder in einer heißen trockenen Pfanne geröstet werden.

Dazu passen:
Arabische Möhren (s. Seite 75), Gurken mit Lauchzwiebeln (s. Seite 82), Lauch-Sellerie-Gemüse (s. Seite 74), Gedünsteter Lauch mit Pflaumen (s. Seite 78), Ratatouille auf indische Art (s. Seite 76) oder Gebackene Auberginen mit Birnen (s. Seite 89).

Hafer-Pilaw mit Minze

250 g Nackthafer
360 g Wasser
70 g Zwiebeln
1 EL Öl
1/8 TL gemahlene Nelken
1/4 TL Zimtpulver
frischgemahlener Pfeffer
1—2 TL getrocknete Minze
1 EL feingehackte Nüsse oder Mandeln
1/2 TL Salz

Den Hafer mit dem Wasser nach dem Grundrezept (s. Seite 115) garen.
Inzwischen die Zwiebeln fein würfeln und in dem Öl goldgelb dünsten. Die Gewürze, die Minze sowie die Nüsse/Mandeln zufügen und wenige Sekunden mitdünsten.
Die gewürzten Zwiebeln und das Salz unter den Hafer mischen.

Dazu passen:
Kürbisgemüse mit Tomaten (ohne Minze) (s. Seite 77), Spinatgemüse (s. Seite 176) oder Arabische Möhren (ohne Minze) (s. Seite 75).

Getreide mit Gemüse und Hülsenfrüchten

Getreide und Hülsenfrüchte werden gerne in einem Gericht kombiniert. Traditionell bildet dabei der Reis die Grundlage. Er wird in der Regel den halbgegarten Hülsenfrüchten zugegeben und zusammen mit diesen gekocht.

Da die Garzeiten von Getreide und Hülsenfrüchten schwanken, und ich ein Übergaren vermeiden möchte, ziehe ich es vor, Getreide und Hülsenfrüchte getrennt zu kochen. Sollte ein Teil früher gar sein als der andere, so können Sie diesen länger nachquellen lassen.

Reis-Linsen-Topf mit Auberginenpüree

Reis und Linsen sind ein traditionelles arabisches Gericht. Es gibt mehrere Versionen, wobei das Verhältnis Linsen zu Reis von 2 zu 1 bis 1 zu 2 variiert. Traditionell serviert man Auberginenmus oder gebratene Zwiebeln dazu.

Für 4—5 Personen:

Für das Auberginenpüree:
4 kleine oder 2 mittelgroße Auberginen (700 bis 800 g)
1—2 zerdrückte Knoblauchzehen
¼ TL Salz
¼ TL gemahlener Pfeffer
2 EL Zitronensaft
1—2 EL gehackte Petersilie

Für das Reisgericht:
225 g Naturreis
175 g braune Linsen
800 g Wasser
⅔ TL gemahlener Koriander
200 g Zwiebeln
3 EL Öl
knapp 1 TL Salz

Für das Püree die Auberginen mit einer Gabel mehrfach anstechen und auf dem Rost im Backofen bei 200 bis 225°C je nach Größe, 35—50 Minuten backen. Sie sind gar, wenn die Haut etwas runzelig aussieht.
Die Auberginen aufschlitzen, das Fleisch herauslösen und pürieren. Den Knoblauch untermischen und mit dem Salz, dem Pfeffer und dem Zitronensaft abschmecken. Das Püree heiß oder abgekühlt servieren. Mit der Petersilie bestreuen.
Während die Auberginen backen, den gewaschenen Reis und die gewaschenen Linsen mit dem Wasser und dem Koriander zum Kochen bringen. Bei schwacher Hitze etwa 40 Minuten kochen und 10 Minuten nachquellen lassen (während des Garens nicht umrühren).
Wenn der Reis und die Linsen fast gar sind, und das Auberginenpüree fertig zubereitet ist, die Zwiebeln in schmale, halbe Ringe schneiden oder würfeln und in dem Öl dünsten. Die halbe Menge der Zwiebeln mit dem Salz unter die Reis-Linsen-Mischung heben. Das Gericht mit den restlichen Zwiebeln garnieren.

Weizentopf mit Spinat und Bohnen

Aromatische Reis-Gemüse-Gerichte, auch Birianis genannt, sind eine Spezialität des indisch-pakistanischen Raumes. Gewöhnlich ergänzt man sie nur mit einer Joghurtsauce und eventuell Fladenbrot.
Ein Biriani-Gericht mit Spinat und Bohnen, das uns in einem pakistanischen Lokal serviert wurde, hat uns so gut geschmeckt, daß ich es nachgekocht habe. Meine Abwandlung mit Weizen finden wir noch interessanter.

Für 4—5 Personen:

250 g Weizen
450 g Wasser
1 TL Kurkuma
Salz
60 g (3 EL) ungeschwefelte Rosinen (Weinbeeren)
80 g Zwiebeln
200 g Spinat
2—3 EL Öl
1½ TL gemahlener Kreuzkümmel (nach Belieben auch mehr)
1 TL gemahlener Koriander
½ TL gemahlener Pfeffer
¼ TL gemahlener Fenchel
120 g tiefgekühlte Erbsen
150 g gekochte rote Bohnen
1—2 TL feingeraspelter frischer Ingwer
4—5 EL Cashewnüsse (oder gehobelte Mandeln)

Für die Sauce:
350 g Joghurt
½ TL Kurkuma
½ zerdrückte Knoblauchzehe
1 Prise Salz

Den Weizen nach dem Grundrezept (s. Seite 115) in dem Wasser einweichen und mit dem Kurkuma garen (etwa 50 Minuten). Dann ½ TL Salz zufügen und den Weizen nachquellen lassen.

Inzwischen für die Sauce den Joghurt mit den übrigen Zutaten cremig rühren. Die Rosinen waschen und ganz kurz in wenig warmem Wasser einweichen. Wenn der Weizen weich ist und nachquillt, die Zwiebeln würfeln und den vorbereiteten Spinat kleinschneiden (nicht zu fein).

Das Öl erhitzen und die Zwiebelwürfel darin andünsten. Die Gewürze untermischen und den Spinat und die Erbsen zufügen. Unter Wenden wenige Minuten dünsten, bis der Spinat zusammengefallen ist. Die Bohnen zugeben und den Weizen, die Rosinen und den Ingwer untermischen. Das Gericht mit Salz abschmecken und noch 5 Minuten durchwärmen und ziehen lassen.

In einer flachen Schüssel anrichten und mit den Nüssen bestreut servieren. Die Joghurtsauce getrennt dazu reichen.

Bunter Hirsetopf

Ein Couscous-Gericht stand Pate für diesen Hirsetopf.

Für das Gemüse:
200 g Möhren
200 g Zucchini
200 g Teltower Rübchen
(weiße Rüben)
200 g Zwiebeln
2—3 EL Öl
$1/3$ TL gemahlener Piment
1—2 Msp Zimtpulver
$1/3$ TL Paprikapulver
$1/2$ Tasse Wasser
50 g ungeschwefelte
Rosinen (Weinbeeren)
200 g gekochte Kichererbsen (etwa 85 g Trockengewicht)
$1/2$ TL Salz

1 Hauch Cayennepfeffer
(nach Belieben)
1 EL gehackte Petersilie
1 EL gehackter Dill

Für die Hirse:
225 g Hirse
450 g Wasser
$1/3$ TL Kurkuma
$1/2$ TL Salz
1 EL Butter (nach Belieben)

Zum Servieren:
300—400 g Joghurt
1 Prise Salz
1 zerdrückte Knoblauchzehe (nach Belieben)

Die Möhren würfeln oder in Stifte, die Zucchini in 1 cm dicke Scheiben scheiden, die Rübchen würfeln, die Zwiebeln ebenfalls grob würfeln oder in Ringe schneiden.
Das Öl erhitzen, die Zwiebeln darin andünsten. Die Möhren, die Rüben und die Gewürze zugeben. Das Wasser zugießen und das Gemüse zugedeckt 5—10 Minuten dünsten. Dann die Zucchini und die gewaschenen Rosinen zugeben und weitere 5—10 Minuten dünsten, bis das Gemüse gar ist.
Die gekochten Kichererbsen untermischen, das Ganze salzen und nach Belieben mit Cayennepfeffer abschmecken. 5 Minuten durchziehen lassen. Zum Schluß die Kräuter unterziehen.
Gleichzeitig die Hirse garen. Hierfür das Wasser mit dem Kurkuma und dem Salz zum Kochen bringen und die Hir-

se einstreuen. Bei schwächster Hitze 10 Minuten kochen und etwa 10 Minuten auf der ausgeschalteten Herdplatte nachquellen lassen (darf nicht breiig werden). Die gegarte Hirse mit der Gabel auflockern und die Butter unterziehen. Zum Servieren die Hirse in eine große flache Schüssel geben und das Gemüse darüber verteilen.
Den Joghurt mit dem Salz und nach Belieben mit dem Knoblauch verrühren und getrennt zu dem Hirsetopf reichen.

Gerste mit Zwiebeln

Zu beachten:
Einweichzeit für Gerste: 6—10 Stunden

250 g Nacktgerste
450 g Wasser
600 g Zwiebeln (möglichst kleine)
3 EL Öl
¼ TL Zimtpulver
¼ TL gemahlener Piment
½ TL gemahlener Koriander
½ Tasse Wasser (für die Zwiebeln)
200 g Tomaten
⅔ TL Salz
1 TL getrocknete Minze
2 EL gehackte Petersilie

Die Gerste nach dem Grundrezept (s. Seite 115) mit dem Wasser einweichen, garen und nachquellen lassen.
Inzwischen die Zwiebeln, je nach Größe, ganz lassen, halbieren oder vierteln. Das Öl erhitzen und die Zwiebeln darin andünsten. Den Zimt, den Piment und den Koriander untermischen und das Wasser zugießen. Zugedeckt etwa 15—20 Minuten dünsten.
Die Tomaten fein würfeln.
Die gegarte Gerste salzen, die Minze unterziehen und vorsichtig die Zwiebeln und die Tomaten unterheben. Noch 5 Minuten ziehen lassen und das Gericht mit der Petersilie bestreuen.
Dazu kann Fladenbrot serviert werden.

Grünkern mit Broccoli

250 g Grünkern
400 g Wasser
Salz
½ TL gemahlener
Koriander
500—600 g Broccoli
80 g Zwiebeln

2—3 EL Butter oder Öl
3—4 EL mittelgrob gehackte Mandeln oder Haselnüsse
frischgemahlener Pfeffer
frischgeriebene Muskatnuß

Den Grünkern mit dem Wasser nach dem Grundrezept (s. Seite 115) garen. ½ TL Salz sowie den Koriander zufügen und den Grünkern nachquellen lassen.
Während der Grünkern gart, den Broccoli in Röschen und Stiele zerteilen. Dicke Stiele schälen bzw. die Haut abziehen. Die Stiele in Scheiben schneiden.
Den Broccoli im Einsatz dämpfen oder in wenig Wasser dünsten. Die Garzeit beträgt für die Stiele knapp 15 Minuten, für die Röschen knapp 10 Minuten (das bedeutet, daß die Röschen entsprechend später in den Topf gegeben werden müssen).
Die Zwiebeln würfeln und in dem Fett goldgelb dünsten. Die Mandeln kurz mitbraten.
Den Broccoli und die Zwiebeln unter den Grünkern heben. Mit den übrigen Gewürzen und noch etwas Salz abschmecken.

Dazu paßt:
Griechische Zitronensauce (s. Seite 51).

Indische Variante:
Würzen Sie zusätzlich noch mit ¼ TL gemahlenem Fenchel und ziehen Sie 1—2 TL feingeraspelten frischen Ingwer unter.
Die Zitronensauce ist zwar im Mittleren Orient nicht üblich, schmeckt aber dennoch dazu. Wenn Sie die Sauce weglassen möchten, können Sie das Gericht statt dessen mit etwas Zitronensaft abschmecken.

Hafer-Kichererbsen-Topf
mit Möhrenpüree

Zu beachten:
Einweichzeit für Kichererbsen: 8—12 Stunden

Für 4—5 Personen:

175 g Kichererbsen
720 g Wasser
¼—½ TL Kurkuma
225 g Nackthafer
¾ TL Salz
80 g Zwiebeln
2 EL Öl oder Butter
1—2 Msp gemahlene Nelken
1—2 Msp gemahlener Kardamom
1—2 Msp geriebene Muskatnuß
1—2 Msp Zimtpulver
2—3 EL gehackte Nüsse/Mandeln oder Sonnenblumenkerne
1 TL feingeriebener frischer Ingwer (nach Belieben)

Für das Püree:
600 g Möhren
100 g Zwiebeln
¼ l Wasser
¼—½ TL gemahlener Pfeffer
1 Msp Cayennepfeffer
¼ TL Salz
2 EL Zitronensaft
4 EL saure Sahne
1 EL Butter (nach Belieben)
1—2 EL gehackter Dill oder gehackte Petersilie (nach Belieben)

Die Kichererbsen nach dem Grundrezept (s. Seite 115) in 400 g Wasser einweichen und mit dem Kurkuma garen.
Den Hafer in 320 g Wasser nach dem Grundrezept (s. Seite 115) kochen.
Die gegarten, abgetropften Kichererbsen und den gegarten Hafer mischen und salzen.
Die Zwiebeln fein würfeln und in dem Fett goldgelb dünsten. Die Gewürze und ⅔ der Nüsse unterrühren.
Die Zwiebeln mit dem Hafer und den Kichererbsen vermengen. Nach Belieben den Ingwer unterziehen. Das

Gericht 5 Minuten durchziehen lassen. Die restlichen Nüsse darüberstreuen.
Während Hafer und Kichererbsen garen, das Möhrenpüree zubereiten. Die Möhren in Würfel oder Scheiben schneiden und die Zwiebeln grob würfeln. In dem Wasser zugedeckt 15 Minuten garen.
Das Gemüse pürieren. Wenn nötig, noch etwas Wasser zugeben. Das Püree mit den Gewürzen, dem Salz, dem Zitronensaft und der Sahne abschmecken. Nach Belieben die Butter darin schmelzen lassen und mit den Kräutern garnieren. Mit dem Hafer-Kichererbsen-Topf servieren.

Weizen mit Gemüse und Schafskäse

Zu beachten:
Einweichzeit für den Weizen: 6—10 Stunden

225 g Weizen
400 g Wasser
½ TL Salz (oder knapp
1 TL gekörnte Brühe)
400 g Zucchini
125 g Lauch
125 g Zwiebeln
2 EL Öl
4 EL Wasser (für das Gemüse)
1 TL getrockneter Thymian
frischgemahlener Pfeffer
125 g Schafskäse, zerbröckelt
12 schwarze Oliven (entsteint und eventuell halbiert)
2 EL gehackte Petersilie

Den Weizen mit dem Wasser, wie im Grundrezept (s. Seite 115) beschrieben, einweichen und kochen. Dann salzen und nachquellen lassen.
Für das Gemüse die Zucchini in Würfel, den Lauch in 1—2 cm breite Streifen schneiden, die Zwiebeln würfeln oder in halbe Ringe schneiden.

Die Zwiebeln in dem Öl andünsten. Die Zucchini, den Lauch, das Wasser und den Thymian zugeben. Zugedeckt 10—15 Minuten dünsten.
Das Gemüse mit Pfeffer abschmecken und mit dem Schafskäse vorsichtig unter den Weizen heben. Alles 5 Minuten durchziehen lassen.
Mit den Oliven und der Petersilie garnieren.

Orientalische Getreiderolle

(Foto Seite 81)

Vorläufer dieses Gerichtes war eine Hackfleischrolle, die mit Weinblättern und Schafskäse gefüllt wird. Sie fand bei unseren Gästen immer großen Anklang und war sozusagen das Standardgästeessen.
Als wir unsere Ernährung umstellten, versuchte ich eine körnige Variante. Das Ergebnis kommt ebenfalls sehr gut an.

Für 4—5 Personen:

60 g Zwiebeln
125 g Grünkern, grob geschrotet
125 g Weizen, grob geschrotet
500 g Wasser
2 Eier
⅓ TL Kurkuma
⅓ TL gemahlener Koriander
¼ TL gemahlener Kreuzkümmel
⅓ TL gemahlener Pfeffer
⅔ TL Paprikapulver
1 Msp Cayennepfeffer

⅔ TL Salz
2—4 EL feingemahlener Weizen
1—2 EL weiche Butter oder Öl

Für die Füllung:
100—150 g Schafskäse, zerbröckelt
3 EL gehackte Kräuter (Petersilie, Dill)
2 EL Pinienkerne oder gehackte Mandeln/Nüsse (nach Belieben)

Für die Form:
Butter

Die Zwiebeln fein hacken. Das geschrotete Getreide mit dem Wasser und den Zwiebelwürfeln verrühren und zum Kochen bringen. Unter Rühren zu einem dicken Brei kochen und auf der ausgeschalteten Platte (Drahtnetz unterlegen) 30—45 Minuten ausquellen lassen. Den Deckel nur leicht auflegen, damit das Getreide ausdampfen kann.

Die Eier mit den Gewürzen und dem Salz verquirlen und unter die Getreidemasse rühren. Pikant abschmecken, eventuell nachwürzen. So viel Weizenmehl untermischen, daß ein formbarer Teig entsteht. Das Fett zum Schluß zugeben. Den Teig kurz ruhen lassen (10 Minuten).

Inzwischen die Zutaten für die Füllung vorbereiten.

Dann eine Kastenform von 25 cm Länge an den Breitseiten und in den Ecken einfetten.

Einen Bogen Backtrennpapier zuschneiden (22 × 40 cm), die Breite des Papierbogens soll der unteren Länge der Kastenform entsprechen.

Die Getreidemasse auf dem Backtrennpapier mit nassen Händen zu einem Rechteck breitdrücken (etwa 22 × 25 cm, 1½ cm dick: s. Zeichnung).

Die Teigfläche mit dem Schafskäse, den Kräutern und den Pinienkernen, Mandeln oder Nüssen belegen. Alles mit Hilfe des Papiers von der Schmalseite her aufrollen, Schlußnaht nach unten.

Die Rolle mit dem Papier in die Kastenform legen, überstehendes Papier abschneiden. Die Oberfläche mit nassen Händen glattstreichen.

Die Rolle im vorgeheizten Backofen bei 200°C auf der 2. Schiene von unten etwa 45 Minuten backen.

Die Rolle 5—10 Minuten abkühlen lassen. Aus der Form heben, das Papier abziehen und servieren.

Reste schmecken auch kalt gut.

Dazu passen:
Gefüllte Auberginen nach türkischer Art (s. Seite 87), Arabische Möhren (s. Seite 75), Kürbisgemüse (s. Sei-

te 77), Gemüseragout (einfache Art) (s. Seite 73), Grüne Bohnen mit Nüssen (s. Seite 71) oder anderes gedünstetes Gemüse oder auch eine Frischkostplatte.

Varianten:
1. Die angeführten Gewürze weglassen und den Getreideteig mit ½—1 TL getrocknetem Thymian oder Origano, ½—1 TL gemahlenem Pfeffer und 1—2 zerdrückten Knoblauchzehen würzen.

2. Statt der Schafskäsefüllung schmeckt auch die Gemüsefüllung der Erbsenrolle (s. Seite 173) oder die Zwiebel-Pflaumen-Füllung der Kichererbsenrolle (s. Seite 175). Die Getreidemasse dann nur mit Kurkuma, Koriander und Pfeffer würzen.

3. Probieren Sie eine Zwiebel-Oliven-Füllung: 150 bis 200 g gewürfelte Zwiebeln mit ¼ TL getrocknetem Rosmarin in etwas Fett dünsten und mit 1—2 EL gehackten schwarzen Oliven und 1—2 EL gehacktem Dill vermischen. Die Getreidemasse nur mit Pfeffer, Paprika und Koriander würzen.

4. Wenn Ihnen das Rollen zu aufwendig ist, schichten Sie die Getreidemasse und die Füllung in eine Auflaufform.

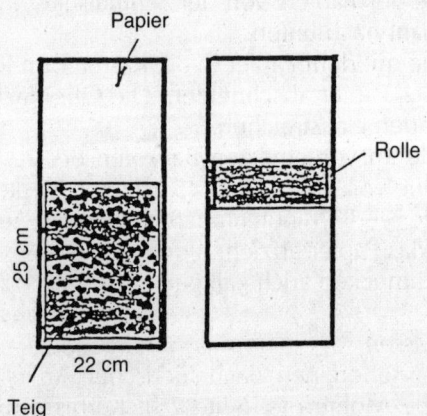

Getreide als Braten, Bratlinge und Klößchen

Joghurt-Getreide-Köfte

Für die Getreidebratlinge:
75 g Weizen, grob geschrotet
75 g Gerste oder Grünkern, grob geschrotet
300 g Wasser
1 Ei
⅔ TL Paprikapulver
¼—½ TL gemahlener Pfeffer
½ TL gemahlener Kreuzkümmel (oder ⅓ TL getrockneter Thymian)
½ TL Salz
1 zerdrückte Knoblauchzehe (nach Belieben)
2—3 EL Hefeflocken

1—2 EL feingemahlener Weizen

Für die Beilage:
300 g Paprika
200 g Zwiebeln
2 EL Öl
2—4 Scheiben Fladenbrot (oder 2—3 Brötchen)

Zum Braten:
Kokosfett

Zum Servieren:
2 EL Butter
1 TL Paprikapulver
600—800 g Joghurt (Zimmertemperatur)
1 Prise Salz

Für die Getreidebratlinge den Getreideschrot mit dem Wasser und gegebenenfalls dem Thymian, wie in dem Rezept »Orientalische Getreiderolle« (s. Seite 132) beschrieben, zu einem Brei kochen und ausquellen lassen.
Unter die abgekühlte Getreidemasse das Ei, die Gewürze, Salz und Knoblauch mischen, die Hefeflocken und das Weizenmehl unterrühren. Es soll ein pikanter, formbarer Teig entstehen. Den Teig kurz ruhen lassen.
Aus der Masse walnußgroße Bällchen formen und in heißem Kokosfett etwa 5 Minuten braten. Die Bratlinge in

eine große, flache Auflaufform (28—30 cm Ø oder 20 bis 30 × 30 cm groß) legen und warm stellen.
Den Paprika vierteln und in Streifen schneiden, die Zwiebeln grob würfeln oder in halbe Ringe schneiden.
In einer Pfanne das Öl erhitzen, die Zwiebeln darin andünsten, die Paprikastreifen zugeben und das Gemüse zugedeckt etwa 10 Minuten dünsten. Eventuell 1—2 EL Wasser zugießen.
Gleichzeitig die Brotscheiben bzw. die Brötchen in große Würfel schneiden und in einer trockenen Pfanne rösten.
Die Brotwürfel zwischen die Bratlinge geben und das Gemüse verteilen. Die Butter in einer Pfanne schmelzen und das Paprikapulver einrühren. Den Joghurt mit dem Salz cremig rühren und über das Gericht gießen. Die Paprikabutter darüber träufeln. Sofort servieren.
Dazu warmes Fladenbrot reichen.

Varianten:

1. Sie können die Klößchen auch in der Auflaufform im Backofen bei 200°C 20—25 Minuten backen. In diesem Fall etwa 2 EL Butter oder Öl unter die Getreidemasse mischen.

2. *Joghurt-Getreide-Köfte ohne Gemüse:* Die Getreidemasse erhöhen, das heißt von 200—250 g Getreide ausgehen. Sehr kleine, etwa kirschgroße Bällchen formen und in Kokosfett braten. Den Joghurt zusätzlich mit Knoblauch abschmecken und dann über die Minibällchen gießen. Nach Belieben etwas Minze darüberstreuen.

Getreidebratlinge auf griechische Art

200 g Getreide, grob geschrotet (Nacktgerste oder Grünkern)
400 g Wasser
1 EL Zwiebelwürfel
½—1 TL getrocknete Minze, zerrieben (oder ½—¾ TL getrockneter Origano)
1 Ei
frischgemahlener Pfeffer
2 EL gehackte Petersilie
⅔ TL Salz
1—2 EL feingemahlener Weizen

Zum Braten:
Kokosfett

Den Getreideschrot mit dem Wasser, den Zwiebelwürfeln und gegebenenfalls dem Origano, wie in dem Rezept »Orientalische Getreiderolle« (s. Seite 132) beschrieben, zu einem Brei kochen und ausquellen lassen.
Das Ei, die Minze, den Pfeffer, die Petersilie und das Salz unter die Getreidemasse rühren. Mit dem Weizenmehl einen formbaren Teig herstellen. 10 Minuten ruhen lassen.
Mit nassen Händen Klößchen von etwa 4 cm Ø (20 Stück) oder Röllchen von etwa 6 cm Länge (12 Stück) formen. Das Kokosfett in einer Pfanne erhitzen und die Klößchen von jeder Seite etwa 4—5 Minuten braten.
(Sie können die Bratlinge auch im Backofen bei 200 °C etwa 20 Minuten backen. In diesem Fall 2 EL weiche Butter oder 2 EL Öl unter den Getreideteig mischen.)
Heiß oder kalt mit Salaten, Joghurt oder Knoblauchsauce (s. Seite 185) servieren. Die Getreidebratlinge auf griechische Art passen auch zu vielen Gemüsegerichten.

Varianten:

Lassen Sie die oben angeführten Gewürze und Kräuter weg, und probieren Sie einmal die folgenden Abwandlungen.

1. *Getreidebratlinge auf türkische Art:* Die Getreidemasse mit ¼ TL gemahlenem Pfeffer, ⅓ TL Paprikapulver und

1 Hauch Cayennepfeffer würzen. 80 g Schafskäse in kleine Würfel schneiden. Jeweils einen Würfel Schafskäse in ein Klößchen geben, den Teig erneut zur Kugel formen und etwas flachdrücken. Wie angegeben braten oder backen.

2. *Arabisch gewürzte Getreidebratlinge:* Schmecken Sie die Getreidemasse mit ¼—½ TL gemahlenem Kreuzkümmel, ¼ TL gemahlenem Koriander, ¼ TL Paprikapulver und ⅓ TL gemahlenem Pfeffer ab, und mischen Sie 1—2 zerdrückte Knoblauchzehen und 2 EL gehackte Petersilie unter. Wie angegeben braten oder backen.

3. *Indisch gewürzte Getreidebratlinge:* Mit ¼ TL gemahlenem Kreuzkümmel, ⅓ TL gemahlenem Kardamom, 1 Msp gemahlenen Nelken, 1 Msp gemahlenem Zimtpulver, ⅓ TL Kurkuma, ⅓ TL gemahlenem Koriander und 1 TL feingeraspeltem frischem Ingwer würzen. Wie angegeben braten oder backen.

Getreideklößchen in griechischer Zitronensauce

Für die Klößchen:
100 g Grünkern, grob geschrotet
100 g Weizen, grob geschrotet
400 g Wasser
2 Eier
frischgeriebene Muskatnuß
frischgemahlener Pfeffer
1 TL Salz
2 EL gehackte Petersilie
2 EL weiche Butter oder Öl
1—2 EL Hefeflocken
etwa 100 g Vollweizengrieß

Für das Garen der Klößchen und für die Sauce:
knapp 500 g Wasser
⅓ TL Salz (oder ⅔ TL gekörnte Brühe)
1 EL feingemahlener Reis
2 Eier
5 EL Zitronensaft

Den Getreideschrot mit dem Wasser nach dem Rezept »Orientalische Getreiderolle« (s. Seite 132) zu einem Brei kochen und ausquellen lassen.

Die Eier mit den Gewürzen, der Petersilie und dem Salz unter die Schrotmasse rühren und die Butter, die Hefeflocken und den Grieß unterarbeiten. Es soll ein formbarer, fester Teig entstehen. Die Masse etwa 20—30 Minuten ruhen lassen.

Mit nassen Händen kleine Bällchen von 3—4 cm Ø formen. Das Wasser mit dem Salz oder der Brühe zum Kochen bringen. (Einen Topf von 20 cm Ø nehmen, damit die Klößchen nebeneinander Platz haben.) Die Bällchen in der leicht siedenden Brühe etwa 10—15 Minuten garen. Mit einem Schaumlöffel herausnehmen und warm stellen.

Die Brühe abmessen und gegebenenfalls auf 350 g auffüllen.

Das Wasser aufsetzen, das Reismehl hineinschlagen, unter Rühren zum Kochen bringen und auf der ausgeschalteten Platte gut 5 Minuten ausquellen lassen.

Die Eier verquirlen und mit dem Zitronensaft vermischen. Etwas von der heißen Brühe unterrühren. Die Eiermischung unter ständigem Schlagen in die Brühe gießen. Alles langsam erhitzen, bis die Sauce andickt. Nicht kochen lassen!

Die Sauce über die Bällchen gießen und das Gericht servieren. Nach Belieben mit etwas Petersilie garnieren.

Dazu passen:
Grüne Bohnen mit Nüssen (s. Seite 71), Broccoli oder Blumenkohl.

Getreide-Nuß-Braten

75 g Nackthafer, mittelgrob geschrotet
100 g Weizen, mittelgrob geschrotet
300 g Wasser
2 Eier
¼—½ TL Zimtpulver
⅔ TL Kurkuma
1 Prise Cayennepfeffer
½ TL Salz

50 g gemahlene Nüsse (Mandeln, Cashew- oder Haselnüsse)
50 g feingehackte Nüsse (Mandeln, Cashew- oder Haselnüsse)

Für die Form:
Butter

Den Getreideschrot mit dem Wasser, wie in dem Rezept »Orientalische Getreiderolle« (s. Seite 132) beschrieben, zu einem dicken Brei kochen und ausquellen lassen.

Die übrigen Zutaten unter den abgekühlten Getreidebrei rühren, die Nüsse zum Schluß untermischen.

Die Masse in eine gefettete, 20 cm lange Kastenform füllen und glattstreichen. Im Backofen (untere Leiste) bei 200°C etwa 45 Minuten backen.

5—10 Minuten abkühlen lassen, dann stürzen und anrichten.

Dazu passen:
Gebackene Auberginen mit Birnen (s. Seite 89) sowie Ratatouille auf indische Art (s. Seite 76).

Getreidebällchen in indischer Sauce

Für die Klößchen:
100 g Weizen, grob geschrotet
100 g Nacktgerste, grob geschrotet
400 g Wasser
2 Eier
½ TL gemahlener Kreuzkümmel
1 Hauch Cayennepfeffer
⅔ TL Salz
etwa 100 g Vollweizengrieß

Für das Garen der Klößchen und für die Sauce:
gut 300 g Wasser
½ TL Salz
150 g Zwiebeln
2 EL Öl

1—2 TL gemahlener Koriander
⅓ TL Kurkuma
½ TL gemahlener Kreuzkümmel
½—⅔ TL gemahlener Kardamom
2 Msp gemahlene Nelken
2 Msp geriebene Muskatnuß
2 Msp Zimtpulver
2—3 EL gemahlene Mandeln und/oder Cashewnüsse
1—2 EL feingeraspelter frischer Ingwer
200—250 g saure Sahne

Zum Garnieren:
gehackte oder gehobelte Mandeln oder Cashewnüsse

Den Getreideschrot mit dem Wasser nach dem Rezept »Orientalische Getreiderolle« (s. Seite 132) kochen und ausquellen lassen.
Unter die Schrotmasse die Eier, die Gewürze und das Salz mischen, zuletzt den Grieß einrühren. Den formbaren festen Teig etwa 20—30 Minuten ruhen lassen.
Mit nassen Händen kirsch- bis walnußgroße Klößchen formen.
Das Wasser mit dem Salz in einem Topf von 20 cm Ø zum Kochen bringen. Die Klößchen vorsichtig nebeneinander einlegen. Bei schwacher Hitze etwa 10 Minuten

leise köcheln. Aus der Kochflüssigkeit heben und warm stellen.
Die Zwiebeln fein würfeln und in dem Öl etwa 5 Minuten andünsten. Die Gewürze und die gemahlenen Mandeln/Nüsse zugeben. Die Klößchenbrühe (150—180 g) zugießen und das Ganze noch 5 Minuten leise kochen lassen. Dann den Ingwer unterrühren und die saure Sahne unterziehen. Alles noch einmal erhitzen, aber nicht kochen.
Die Klößchen in der Sauce servieren. Nach Belieben mit gehackten oder gehobelten Mandeln oder Nüssen garnieren.

Dazu passen:
Ratatouille auf indische Art (s. Seite 76) oder anderes gedünstetes Gemüse (z. B. Möhren, Blumenkohl, Broccoli).

Getreidebraten mit Grüne-Bohnen-Füllung

Für den Getreideteig:
250 g Grünkern, grob geschrotet
250 g Weizen, grob geschrotet
500 g Wasser
50 g sehr feine Zwiebelwürfel
2 Eier
½ TL gemahlener Pfeffer
¾ TL Paprikapulver
1 TL Salz
2 EL Hefeflocken (nach Belieben)
etwa 3 EL feingemahlener Weizen
2 EL weiche Butter oder Öl

Für die Bohnenfüllung:
500 g grüne Bohnen
⅛ l Wasser
½—1 TL getrocknetes Bohnenkraut
⅓ TL Salz
frischgemahlener Pfeffer
2 EL feingehackte Petersilie

Für die Form:
Butter

Den Getreideteig nach der Rezeptanweisung für die »Orientalische Getreiderolle« (s. Seite 132) herstellen und kurz ruhen lassen.
Die Zwiebelwürfel unter die heiße Getreidemasse mischen.
Die Bohnen, je nach Länge, ganz lassen oder auf 8—9 cm kürzen (sie sollen quer in eine Kastenform passen).
Die Bohnen in dem Wasser mit dem Bohnenkraut etwa 15 Minuten knapp gar dünsten. Dann salzen, pfeffern und die Petersilie untermischen.
Eine Kastenform von 25 cm Länge einfetten. Die Hälfte des Getreideteigs einfüllen, die Bohnen quer einschichten und mit der zweiten Teighälfte bedecken. Die Oberfläche mit nassen Händen glattstreichen.
Bei 200°C etwa 45 Minuten auf der zweiten Schiene von unten backen.
Den Braten in der Form 5—10 Minuten abkühlen lassen, stürzen und auf einer Platte anrichten.

Dazu paßt:
Tomaten-Zwiebel-Sauce (s. Seite 183) (mit Thymian gewürzt).

Getreideklößchen in Spinatsauce mit Pflaumen

Hier ein Gericht in der typisch persisch-süßen Richtung.

125 g Getreide, grob geschrotet (Grünkern-Weizen- oder Gerste-Weizen-Mischung
250 g Wasser
1 Ei
½ TL gemahlener Pfeffer
½ TL gemahlener Koriander
½ TL Salz
1—2 EL gemahlene Nüsse oder Mandeln
2—3 EL Vollweizengrieß

Für die Spinatsauce:
800—1000 g Spinat
100 g Zwiebeln
2 EL Öl
½ TL Kurkuma
⅓—½ TL geriebene Muskatnuß
⅓—½ TL Zimtpulver
100—125 g entsteinte, ungeschwefelte Trockenpflaumen (eingeweicht, geviertelt)
½ TL Salz
1 EL Zitronensaft (oder 2—3 EL Joghurt oder saure Sahne)

Für die Klößchen das Getreide mit dem Wasser, wie in dem Rezept »Orientalische Getreiderolle« (s. Seite 132) beschrieben, zu einem dicken Brei kochen und ausquellen lassen.
Die übrigen Zutaten unter die Getreidemasse rühren. Die Masse soll gut formbar und relativ fest sein.
Den Teig 20 Minuten ruhen lassen und dann kirschgroße Klößchen formen.
Den gewaschenen und verlesenen Spinat sehr fein hakken. Einen kleinen Teil eventuell pürieren. Die Zwiebeln fein würfeln.
Die Zwiebelwürfel in dem Öl andünsten. Dann den Spinat zugeben. Unter häufigem und schnellem Wenden den Spinat erhitzen, bis er zusammenfällt. Die Gewürze untermischen und gegebenenfalls das Spinatpüree und

dann die Pflaumen zufügen. Das Gemüse salzen und, wenn nötig, ein wenig Wasser zugießen. Alles wieder zum Kochen bringen.
Die Klößchen einlegen. Sie sollten auf einer Ebene nebeneinander Platz haben (Topf von 20 cm Ø). Zugedeckt bei schwacher Hitze etwa 10 Minuten garen. Mit einem Schaumlöffel in eine Schüssel heben.
Den Spinat mit dem Zitronensaft abschmecken oder vorsichtig den Joghurt bzw. die saure Sahne unterziehen. Die Sauce dann über die Klößchen gießen.

Dazu passen:
Kurkumakartoffeln (s. Seite 85), eine kleine Portion Gelber Reis (s. Seite 122) oder anderes Getreide und Fladenbrot.

Getreidebratlinge in Auberginensauce

Für die Getreidebratlinge:
200 g Nacktgerste oder
Grünkern, grob geschrotet
400 g Wasser
1 Ei
½ TL gemahlener Pfeffer
½—1 TL Paprikapulver
½ TL gemahlener Kreuzkümmel
¼ TL gemahlener Koriander
⅔ TL Salz
1—2 EL feingemahlener Weizen
2 EL Öl

Für die Auberginensauce:
etwa 1200 g Auberginen
100 g Zwiebeln
2 EL Öl
1—2 TL Zitronensaft
1 zerdrückte Knoblauchzehe
2 EL gehackte Petersilie
⅓ TL Salz
⅓ TL gemahlener Pfeffer

Für die Form:
Butter

Zum Servieren:
1—2 EL Butter
1 TL Paprikapulver
150 g Joghurt

Den Getreideschrot mit dem Wasser, wie in dem Rezept »Orientalische Getreiderolle« (s. Seite 132) beschrieben, zu einem Brei kochen und ausquellen lassen.
Die Auberginen mehrfach mit der Gabel einstechen und im Backofen bei 200—225°C, je nach Größe, 35—50 Minuten backen.
Inzwischen den gekochten Getreideschrot mit den übrigen Zutaten vermengen. So viel Weizenmehl zugeben, daß der Teig sich gut formen läßt. Den Teig 10 Minuten ruhen lassen.
Walnußgroße Klößchen formen und in eine gefettete Auflaufform legen. Etwa 15 Minuten bevor die Auberginen fertig gebacken sind, die Klößchen in den Backofen schieben (200°C). Etwa 20 Minuten backen.
Die Zwiebeln fein würfeln und in dem Öl dünsten.
Für die Sauce die gebackenen Auberginen häuten bzw. aufschlitzen und das Fruchtfleisch herauskratzen. Das Auberginenfleisch pürieren und sofort den Zitronensaft zugeben. Dann den Knoblauch, die Zwiebelwürfel und die Petersilie untermischen und mit dem Salz und dem Pfeffer abschmecken. Falls das Püree sehr dick ist, einige EL Wasser unterrühren.
Das Auberginenpüree über die gebackenen Klößchen gießen.
Die Butter zerlassen und mit dem Paprikapulver vermischen. Den Joghurt verrühren, über das Auberginenpüree verteilen und die Paprikabutter darüber träufeln.
Dazu Fladenbrot reichen.

Nudeln

Gefüllte Nudeln

Gefüllte Nudeln oder Teigtaschen sind eine Spezialität, die an italienische Ravioli, Kärntner Käsenudeln oder an schwäbische Maultaschen erinnern. Sie sollen aber orientalischen Ursprungs sein.
In der Türkei sind Käse- und Hackfleisch-Füllungen beliebt, in Afghanistan Gemüsefüllungen üblich. Traditionell werden sie meist mit Joghurt gereicht.
Die Zubereitung ist im Vergleich mit den anderen Gerichten etwas zeitaufwendig. Das Ergebnis ist aber so köstlich, daß Sie doch einmal eines der folgenden Rezepte ausprobieren sollten!

Grundrezept für Nudelteig

Zu beachten:
Ruhezeit des Nudelteigs: mindestens 1 Stunde

250 g Weizen, sehr fein gemahlen

1 Ei und 9 EL warmes Wasser (oder: 2 Eier und 3—4 EL warmes Wasser)
¼ TL Salz

⅔ der Mehlmenge in eine Schüssel geben. Die Eier, das Wasser und das Salz zugeben und alles mit Hilfe eines Handrührgerätes vermengen. Dann das restliche Mehl unterarbeiten.
Den Teig von Hand 5—10 Minuten kneten, bis er glatt und geschmeidig ist. Er darf nicht mehr kleben, aber auch nicht bröckelig sein. Wenn es erforderlich sein sollte, mit etwas Mehl oder Wasser ausgleichen.
Die Teigkugel mit Öl bestreichen und mindestens 1 Stun-

de unter einem angewärmten, umgestülpten Topf ruhen lassen.

Teigtaschen mit Käsefüllung

Für etwa 50—60 Stück:

1 Grundrezept Nudelteig
(s. Seite 147)
Vollkornmehl zum Ausrollen

Für die Füllung:
100 g Schafskäse
30 g Zwiebeln
100 g trockener Quark
oder körniger Frischkäse

1 Ei
1 TL getrocknete Minze, zerrieben (oder 2—3 EL gehackter Dill)

Zum Servieren:
80 g Zwiebeln
4 EL Butter
2—3 EL geriebener Käse
(nach Belieben)

Den Nudelteig, wie im Grundrezept (s. Seite 147) angegeben, zubereiten und ruhen lassen.
Für die Füllung den Schafskäse zerkrümeln und die Zwiebeln sehr fein würfeln oder reiben. Mit den übrigen Zutaten vermengen.
Die Teigmenge halbieren oder dritteln und jedes Teil möglichst dünn auf leicht bemehlter Unterlage ausrollen. Kreise von 6 cm Ø ausstechen oder Quadrate von 5 cm Seitenlänge schneiden. Jeweils etwa ½ TL der Füllung in die Mitte eines Teigstückes geben. Die Ränder anfeuchten und zu einem Halbkreis bzw. Dreieck zusammenklappen. Die Ränder gut andrücken oder mit den Zinken einer Gabel zusammendrücken. Die Teigreste erneut zur Kugel formen und damit genauso verfahren.
Die Teigtaschen (in 2 Portionen) in kochendem Salzwasser etwa 6—8 Minuten bißfest garen. Vorsichtig mit einem Schaumlöffel herausnehmen und in eine flache Schüssel legen.

Während die Nudeln garen, die Zwiebeln fein würfeln und in der Butter goldgelb dünsten. Die Zwiebeln und die Butter über die Teigtaschen verteilen. Nach Belieben mit dem Käse bestreuen.

Teigtaschen mit Gemüsefüllung

Lauch spielt in der orientalischen Küche eine große Rolle und wird auch gern als Füllung für Teigtaschen verwendet.
Hier nun eine afghanische Zubereitungsart.

Für etwa 50—60 Stück:

1 Grundrezept Nudelteig (s. Seite 147)
Vollkornmehl zum Ausrollen

Für die Füllung:
250 g Lauch
2 EL Öl
1 Prise Salz
frischgemahlener Pfeffer
frischgeriebene Muskatnuß
2—3 EL gehackte Kräuter (Petersilie, Dill)

Für die Joghurtsauce:
400 g Joghurt (oder 200 g Joghurt und 200 g Quark)
1—2 zerdrückte Knoblauchzehen
1 Prise Salz

Für die Tomatensauce:
400 g Tomaten
1 Prise Salz
1—2 EL Tomatenmark

Zum Garnieren:
1 EL gehackte Petersilie (oder gehackter Dill oder etwas getrocknete Minze)

Den Nudelteig, wie im Grundrezept (s. Seite 147) angegeben, zubereiten und ruhen lassen.
Für die Füllung die Lauchstangen der Länge nach zweimal teilen und in sehr feine Streifen schneiden.
Das Öl erhitzen und das Gemüse unter mehrmaligem Wenden in wenigen Minuten knapp weich dünsten. Dann salzen, würzen und mit den Kräutern vermischen.

Den Joghurt und gegebenenfalls den Quark mit dem Knoblauch und dem Salz glattrühren und beiseite stellen.
Den Nudelteig, wie im vorhergehenden Rezept beschrieben, ausrollen und Teigtaschen herstellen. Die Teigtaschen in 2 Portionen in kochendem Salzwasser etwa 6—8 Minuten bißfest garen.
Inzwischen für die Tomatensauce etwa ein Drittel der Tomatenmenge pürieren, den anderen Teil sehr fein würfeln). Die Tomaten mit dem Salz und dem Tomatenmark verrühren. Alles erwärmen, nicht kochen lassen.
Zum Servieren die Hälfte der Joghurtsauce in eine große flache Schüssel geben. Die gut abgetropften Teigtaschen darauf verteilen. Die restliche Joghurtsauce darübergießen. Mit der Tomatensauce abschließen.
Das Gericht mit Kräutern bestreut sofort servieren.
Üblicherweise reicht man auch hierzu Fladenbrot.
Da das Ganze sehr saucig ist, empfehlen sich tiefe Teller.

Varianten:

1. *Geänderte Füllung:* Für die Füllung eignen sich auch Blumenkohl, Broccoli oder Spinat. Blumenkohl/Broccoli knapp gar dämpfen und grob raffeln oder fein hacken. Den Spinat fein hacken und kurz dünsten bis er zusammengefallen ist.

2. *Türkische Variante:* Die Tomatensauce weglassen. Für die Joghurtsauce nur 250—300 g Joghurt nehmen. 1—2 TL Paprikapulver mit 3—4 EL zerlassener Butter vermischen.
Die Teigtaschen in eine flache Schüssel geben, die Joghurtsauce darüber gießen und das Gericht mit der Paprikabutter beträufeln.

Teigbeutel mit Bohnenfüllung

(Foto Seite 160)

Die Bohnenfüllung für das nachfolgende Rezept ist keine traditionelle Füllung, schmeckt aber orientalisch und uns selbst so gut, daß ich das Rezept hier bringen möchte.

Für etwa 20 Stück:

1 Grundrezept Nudelteig (s. Seite 147)
Vollkornmehl zum Ausrollen

Für die Füllung:
300 g gekochte rote Bohnen (etwa 125 g Trockengewicht)
80 g Zwiebeln
2—3 EL feingehackte Mandeln
⅓ TL gemahlener Kreuzkümmel (nach Belieben auch mehr)
¼ TL gemahlener Koriander
2 Msp gemahlener Pfeffer
1 Hauch Cayennepfeffer
2 EL gehackte Petersilie (oder gehackter Dill)
1 zerdrückte Knoblauchzehe (nach Belieben)
⅓ TL Salz

Für die Joghurtsauce:
300—400 g Joghurt (Zimmertemperatur)
1 Prise Salz
1 zerdrückte Knoblauchzehe (nach Belieben, wenn in der Füllung kein Knoblauch verwendet wird)

Zum Servieren:
50 g Butter

Den Nudelteig, wie im Grundrezept (s. Seite 147) angegeben, zubereiten und ruhen lassen.
Die gekochten Bohnen nicht zu fein pürieren. Die Zwiebeln sehr fein würfeln oder reiben. Alle Zutaten vermengen. Wenn der Teig sehr trocken ist, etwas von der Bohnenkochflüssigkeit oder Wasser zugeben. Aus der Bohnenmasse 20 Teigkugeln formen.
Den Nudelteig in 2 Portionen so dünn wie möglich ausrollen und Kreise von 10 cm Ø ausstechen. In die Mitte eines jeden Teigkreises eine Kugelfüllung legen. Die Teig-

ränder befeuchten und hochklappen, über der Füllung zusammenfassen und durch Zusammendrehen verschließen. So entstehen beutelähnliche Gebilde.
In einem großen Topf Salzwasser zum Kochen bringen und die Beutel darin etwa 8—10 Minuten ziehen lassen.
Während die Nudeln garen, den Joghurt mit dem Salz und gegebenenfalls dem Knoblauch verschlagen. Die Butter zerlassen.
Die gut abgetropften Teigbeutel mit zerlassener Butter beträufeln. Den Joghurt getrennt dazu servieren.

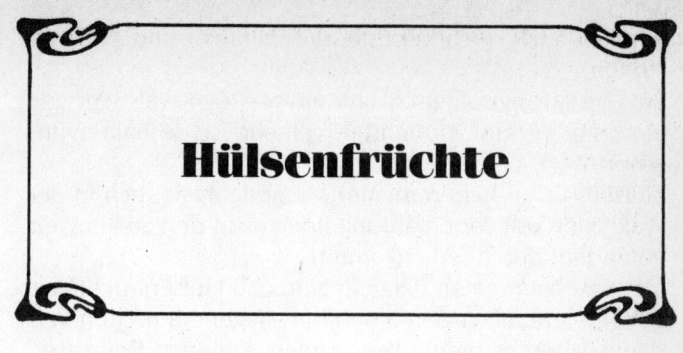

Hülsenfrüchte

Neben Getreide bilden Hülsenfrüchte in den orientalischen Ländern eine wichtige Nahrungsmittelgrundlage. Bei uns spielten sie früher ebenfalls eine beachtliche Rolle. Im Jahre 1880 lag der jährliche Pro-Kopf-Verzehr noch bei 15 kg. Bis heute ist er auf 1 kg gesunken.

Bedeutung haben Hülsenfrüchte einmal als Eiweißlieferant. Von allen pflanzlichen Lebensmitteln weisen sie den höchsten Eiweißgehalt auf (20—37 %). Die im Vergleich zu tierischem Eiweiß geringere Qualität kann gerade durch die Kombination mit Getreide, aber auch mit Milch und Eiern so aufgewertet werden, daß die biologische Hochwertigkeit von tierischem Eiweiß erreicht wird.

Neben Eiweiß ist auch der Reichtum an Vitaminen und Mineralstoffen bemerkenswert. Unter anderem enthalten sie Vitamin B_1, B_2, B_6, Folsäure und Eisen, die sogenannten »kritischen« Nährstoffe, mit denen weite Teile der bundesdeutschen Bevölkerung nur unzureichend versorgt sind (s. auch Kapitel »Getreide«).

Hauptbestandteil der Hülsenfrüchte ist Stärke (75—80 %). Nicht unerwähnt bleiben darf der hohe Ballaststoffgehalt, der vorwiegend in den Schalen enthalten ist. Mit ein Grund, weshalb ungeschälte Hülsenfrüchte verwendet werden sollten. Durch Abtrennen der Schale entstehen nämlich auch noch Verluste an Vitaminen und Mineralstoffen.

Ernährungsphysiologisch sind Hülsenfrüchte als wertvoll einzustufen. Ein vermehrter Verzehr ist deshalb wünschenswert.

Hülsenfrüchte haben meiner Meinung nach auch in der Praxis der Vollwerternährung noch nicht den Stellenwert gefunden, der ihnen zukommt.

Das mag zum einen daran liegen, daß Hülsenfrüchte als schwer verdaulich gelten und bei einigen Menschen Verdauungsbeschwerden hervorrufen können. Bemessen Sie die Menge deshalb nicht zu groß.

Bekömmlicher sind Hülsenfrüchte, wenn sie püriert werden. Orientalische Gewürze, wie zum Beispiel Ingwer, Koriander und Kreuzkümmel, fördern die Verdauung und tragen ebenfalls zur Bekömmlichkeit bei.

Ein weiterer Grund für den relativ geringen Verzehr von Hülsenfrüchten erklärt sich wohl auch aus der Tatsache, daß vielfach nur die eingeschränkte Verwendungsmöglichkeit als Suppe/Eintopf bekannt ist. In dieser Hinsicht können wir von der orientalischen Küche lernen.

Beim Einkauf sollten Hülsenfrüchte aus biologischem Anbau bevorzugt werden, da sie regelmäßig weniger Schadstoffe enthalten.

Hülsenfrüchte niemals roh verzehren!

Grundrezept für das Garen von Hülsenfrüchten

Zu beachten:
Einweichzeit von Hülsenfrüchten: 8—12 Stunden

*250 g Hülsenfrüchte	½ TL Salz*
etwa 500—600 g Wasser
(bei längerer Kochzeit
auch mehr)

Die Hülsenfrüchte verlesen, gründlich in kaltem Wasser waschen, dabei die auf der Oberfläche schwimmenden Teile entfernen. Die Hülsenfrüchte in einem Sieb abtropfen lassen.
In dem Wasser für 8—12 Stunden einweichen. Linsen können, müssen aber nicht vorquellen.
Die Hülsenfrüchte mit dem Einweichwasser bedeckt zum Kochen bringen und bei schwacher Hitze zugedeckt weich kochen. Zwischendurch einmal umrühren und die Wassermenge kontrollieren. Wenn es erforderlich werden sollte, etwas heißes Wasser nachgießen.
Bei einer Kochzeit von etwa 1 Stunde kommen Sie in der Regel mit 500—600 g Wasser aus, vorausgesetzt, Sie regulieren die Hitzezufuhr und verwenden gut schließende Töpfe. Überschüssiges Kochwasser kann für Suppen und Saucen verwendet werden.
Für die Garzeiten der Hülsenfrüchte können nur Richtwerte angegeben werden. Sie sind von der Sorte und dem Alter der Hülsenfrüchte abhängig. Des weiteren ist der Verwendungszweck zu berücksichtigen. Im allgemeinen sollen Hülsenfrüchte weich werden, aber nicht zerfallen. Für Bratlinge sollten sie nur knapp gar gekocht werden, für Pürees dürfen sie leicht zerfallen (Kichererbsen zerfallen nicht).
Planen Sie für das Garen von Hülsenfrüchten etwa 45 bis

75 Minuten ein. Einige (wenige) Sorten können eine längere Kochzeit benötigen.
Eingeweichte Linsen sind in 30—40 Minuten, nicht eingeweichte in 45—60 Minuten weich.
Günstig für die Bekömmlichkeit ist es, die Hülsenfrüchte nach dem Garen nachquellen zu lassen.
Salzen Sie immer erst zum Schluß, weil Salz, ebenso wie Säure, das Weichwerden verzögert bzw. verhindert.
Wenn Sie wenig Zeit haben, empfiehlt es sich, die Hülsenfrüchte am Vortag zu kochen und im Kühlschrank aufzubewahren. Wenn Sie als Berufstätige für den Abend ein Hülsenfruchtgericht planen, hier ein Tip, wie Sie den Zeitaufwand gering halten können: Weichen Sie die Hülsenfrüchte am Abend vorher ein, setzen Sie sie am Morgen als erstes auf. Wenn Sie gefrühstückt haben bzw. aus dem Haus gehen, können Sie die Platte ausschalten und die Hülsenfrüchte nachgaren und nachquellen lassen.
Hülsenfrüchte lassen sich auch gut tiefgefrieren.

Hinweis:
100 g getrocknete Hülsenfrüchte ergeben gekocht etwa 220—250 g.

Hülsenfrüchte als Suppe, Püree und gewürzte Beilage

Suppentopf mit Hülsenfrüchten und Getreide

Zu beachten:
Einweichzeiten für Bohnen und Kichererbsen: 8—12 Stunden
Einweichzeiten für Grünkern und Linsen: 2 Stunden

70 g Kichererbsen (ersatzweise: gelbe Erbsen)
70 g rote oder schwarze Bohnen
1100—1200 g Wasser
70 g braune Linsen
100 g Grünkern
100 g Möhren
100 g Lauch
100 g Zwiebeln
1/3 TL gemahlener Koriander
2 TL gekörnte Brühe
1—2 zerdrückte Knoblauchzehen
1/4—1/2 TL Paprikapulver
frischgemahlener Pfeffer
Salz
1—3 EL Zitronensaft
2 EL Butter
2—3 EL gehackte Petersilie

Die Kichererbsen und die Bohnen waschen und in 600 g Wasser für 8—12 Stunden einweichen. Die Linsen und den Grünkern waschen und etwa 2 Stunden in 350 g Wasser quellen lassen.

Die Kichererbsen und die Bohnen zum Kochen bringen, zugedeckt bei schwacher Hitze etwa 25—35 Minuten garen. Dann die Linsen und den Grünkern mit dem Wasser zugeben und das Ganze weitere 20 Minuten kochen.

Inzwischen die Möhren in sehr dünne, ganze oder halbe

Scheiben, den Lauch in Streifen schneiden und die Zwiebeln würfeln.
Das Gemüse zu der Suppe geben. Den Koriander und die gekörnte Brühe zufügen und etwa 200 g heißes Wasser zugießen. Alles wieder zum Kochen bringen und noch etwa 15 Minuten kochen, bis alles gar ist. Wenn die Suppe zu dick ist, heißes Wasser zugießen.
Den Knoblauch unterrühren und die Suppe mit dem Paprikapulver, dem Pfeffer, etwas Salz und dem Zitronensaft abschmecken.
Die Butter in der Suppe schmelzen lassen. Die Petersilie darüberstreuen oder unterziehen.
Dazu Brot servieren.

Variante:
Den Grünkern durch Gerste ersetzen. Die Gerste mit den Bohnen und den Kichererbsen in 800 g Wasser einweichen. Die Linsen getrennt in 150 g Wasser quellen lassen. Wie oben beschrieben vorgehen.
Das Paprikapulver, den Knoblauch und den Zitronensaft weglassen. 2—3 EL gehackten Dill und ¾ TL getrocknete Minze unter die Suppe mischen. Nach Belieben 150 bis 200 g Joghurt/saure Sahne vorsichtig unterrühren oder getrennt dazu servieren. Oder jeden Teller Suppe mit 1 EL Joghurt, bzw. saurer Sahne garnieren.

Erbsenpüree

Hülsenfruchtpürees sind vor allem eine indisch-pakistanische Spezialität. Sie werden meist mit Reis serviert, was jedoch nicht ausschließt, daß auch Brot dazu gereicht wird.
In den arabischen Ländern dagegen serviert man pürierte Hülsenfrüchte als Salat (z. B. Kichererbsensalat, (s. Seite 45).

Zu beachten:
Einweichzeit für Erbsen: 8—12 Stunden

200 g gelbe oder grüne Erbsen
etwa 500 g Wasser
½ TL Salz
100 g Zwiebeln
2 EL Öl oder Butter
½ TL Kurkuma
¼ TL gemahlener Koriander
1 Prise gemahlene Nelken
1 Prise Zimtpulver
1 Prise gemahlener Kardamom
1 Hauch Cayennepfeffer (nach Belieben)
½—1 TL feingeraspelter frischer Ingwer
50 g Joghurt (2 EL)

Die Erbsen nach dem Grundrezept (s. Seite 155) in dem Wasser einweichen und garen.
Die Erbsen mit dem Kochwasser nicht zu fein pürieren. Wenn erforderlich, noch zusätzliches Wasser zugeben. Das Püree salzen.
Die Zwiebeln sehr fein würfeln und in dem Fett dünsten. Die Gewürze zufügen und kurz mitbraten. Mit dem Ingwer und dem Joghurt unter das Püree mischen.

Dazu passen:
Wirsingrollen mit Möhrenfüllung auf indische Art (s. Seite 91) oder Reis.

Linsenpüree mit Lauch und Bohnen

Zu beachten:
Einweichzeit für Bohnen: 8—12 Stunden

100 g rote oder schwarze Bohnen	1—2 EL Butter
etwa 600 g Wasser	½—1 TL gemahlener Kreuzkümmel
100 g braune Linsen	1 TL gemahlener Koriander
⅔ TL Salz (oder 1½ TL gekörnte Brühe)	1 TL Paprikapulver
300 g Lauch	1 Hauch Cayennepfeffer
2 EL Öl	1—2 zerdrückte Knoblauchzehen

Die Bohnen nach dem Grundrezept (s. Seite 155) mit 250 g Wasser einweichen, garen und nachquellen lassen.
Etwa ½ Stunde nach Aufsetzen der Bohnen in einem zweiten Topf die Linsen mit 350 g Wasser zum Kochen bringen und bei schwacher Hitze etwa 50—60 Minuten weich kochen.
Die Linsen mit dem Kochwasser pürieren. Es soll ein cremiges, nicht zu dickes Püree entstehen. Wenn nötig, etwas Wasser (Kochflüssigkeit der Bohnen) einrühren.
Das Püree salzen, die abgetropften Bohnen zugeben und die Hülsenfrüchte warm halten.
Den Lauch in ½—1 cm breite Streifen (halbe Ringe) schneiden. In dem Öl und 2—3 EL Wasser 5—7 Minuten dünsten, bis er weich ist.
In einer Pfanne die Butter erhitzen und den Koriander sowie den Kreuzkümmel einen Moment anbraten. Dann das Paprikapulver und den Cayennepfeffer untermischen.

Die gewürzte Butter mit dem Lauch und dem Knoblauch unter das Linsenpüree rühren.

Dazu paßt: Reis.

Gewürzte Linsen

150 g Zwiebeln
200 g braune Linsen
500—550 g Wasser
½ TL Kurkuma
2—3 EL Öl
¼ TL gemahlener
Koriander
1—2 Msp gemahlener
Kardamom
1—2 Msp Zimtpulver

1—2 Msp gemahlener
Kreuzkümmel
1—1½ TL gekörnte Brühe
1 zerdrückte Knoblauch-
zehe (nach Belieben)
1 TL feingeraspelter
frischer Ingwer
5 EL Sahne
Salz

50 g Zwiebeln würfeln.
Die Linsen mit dem Wasser, den Zwiebelwürfeln und dem Kurkuma in einem Topf zum Kochen bringen und etwa 50—60 Minuten bei schwacher Hitze garen. Sie dürfen schon etwas zerfallen.
Kurz bevor die Linsen gar sind, die restlichen Zwiebeln würfeln und in dem Öl etwa 6—8 Minuten dünsten. Die Gewürze (Koriander, Kardamom, Zimt, Kreuzkümmel) unterrühren und ganz kurz mitbraten.
Die Linsen mit der gekörnten Brühe würzen/salzen. Dann die Zwiebeln, den Knoblauch, den Ingwer und die Sahne unter die Linsen mischen. Eventuell nachsalzen und noch etwas Wasser zugeben. Das Gericht soll saftig sein. Die Linsen noch etwa 5 Minuten ziehen lassen, gegebenenfalls wieder erwärmen, aber nicht kochen.

Dazu paßt: Reis.

◁ *Kichererbsenklößchen in Spinatgemüse* (Rezept Seite 176) *mit Kurkuma-Kartoffeln* (Rezept Seite 85), *Arabisches Fladenbrot mit Tasche* (Rezept Seite 201)

Hülsenfrüchte mit Gemüse und als Aufläufe

Bohnen mit Möhren

Zu beachten:
Einweichzeit für Bohnen: 8—12 Stunden

250 g große weiße
Bohnen
etwa 700 g Wasser
Salz
500 g Möhren
100 g Zwiebeln
2—3 EL Öl
$1/4$—$1/2$ TL gemahlener
Kardamom
$1/3$ TL Zimtpulver

$1/4$ TL gemahlene Nelken
$1/2$ Tasse Wasser (für die
Möhren)
1—2 TL feingeraspelter
frischer Ingwer
1—2 TL Zitronensaft (nach
Belieben)
100 g saure Sahne
6 EL Kokosflocken

Die Bohnen nach dem Grundrezept (s. Seite 155) mit dem Wasser einweichen und garen (etwa 1$1/2$ Stunden). $1/2$ TL Salz zufügen und die Bohnen nachquellen lassen. Die Möhren in $1/2$ cm dicke Scheiben schneiden. Die Zwiebeln würfeln und in dem Öl andünsten. Die Gewürze (Kardamom, Zimt, Nelken) unterrühren und einen Moment mitbraten. Dann die Möhren zugeben und das Wasser angießen. Das Gemüse zugedeckt 15—20 Minuten dünsten. Mit etwa $1/4$ TL Salz abschmecken.

Die abgetropften Bohnen mit dem Ingwer und dem Zitronensaft unter das Gemüse mischen. Zum Schluß vorsichtig die saure Sahne unterziehen.

Das Gericht in eine flache Schüssel füllen und dick mit den Kokosflocken bestreuen. Nach Belieben kann auch ein Teil der Kokosflocken unter das Gemüse gemischt werden.

Dazu passen:
Fladenbrot oder Brötchen.

Kichererbsen mit Spinat

Zu beachten:
Einweichzeit für Kichererbsen: 8—12 Stunden

200 g Kichererbsen	½ TL gemahlener
etwa 450 g Wasser	Kardamom
½—1 TL Kurkuma	¼ TL Zimtpulver
Salz	¼ TL gemahlener Kreuz-
100 g Zwiebeln	kümmel
400 g Spinat	1 Msp gemahlene Nelken
2 EL Öl	200 g Tomaten (oder:
½ TL gemahlener	125 g saure Sahne)
Koriander	½—1 TL feingeraspelter
	frischer Ingwer

Die Kichererbsen nach dem Grundrezept (s. Seite 155) mit dem Wasser einweichen und mit dem Kurkuma zusammen garen. ½ TL Salz zufügen und die Kichererbsen nachquellen lassen.
Die Zwiebeln fein würfeln und den Spinat grob hacken.
Das Öl erhitzen und die Zwiebeln darin etwa 5 Minuten dünsten. Die Gewürze zufügen, kurz mitschwitzen lassen und den Spinat zugeben. Unter Wenden dünsten, bis der Spinat zusammengefallen ist. Die abgetropften Kichererbsen untermischen. Alles zugedeckt noch etwa 5 Minuten kochen/ziehen lassen. Falls das Gemüse zu trocken ist, 1—3 EL Wasser/Kochbrühe zugeben. Im allgemeinen reicht das dem Spinat anhaftende Waschwasser aus.
Die Tomaten sehr fein würfeln oder die saure Sahne cremig rühren. Die Tomatenwürfel bzw. die saure Sahne mit dem Ingwer untermischen. Das Gericht erwärmen und durchziehen lassen, aber nicht mehr kochen. Eventuell noch mit etwas Salz abschmecken.

Dazu paßt:
Reis.

Bohnen mit Sellerie und Oliven

Zu beachten:
Einweichzeit für Bohnen: 8—12 Stunden

250 g braune Bohnen (Wachtelbohnen)
etwa 500 g Wasser
½ TL Salz
350 g Knollensellerie
150 g Lauch
80 g Zwiebeln
2—3 EL Öl
1—2 TL gehackte frische Sellerieblätter (wenn vorhanden)
4—5 EL Wasser (für das Gemüse)
50 g entkernte, schwarze oder grüne Oliven (geviertelt oder grob gehackt)
frischgemahlener Pfeffer
5 EL gehackte Petersilie
4—5 EL Zitronensaft

Die Bohnen, wie in dem Grundrezept (s. Seite 155) beschrieben, mit dem Wasser einweichen und gar kochen. Das Salz zufügen und die Bohnen nachquellen lassen.
Den geschälten Sellerie in etwa 1,5 cm große Würfel schneiden, den Lauch in 1—2 cm breite Streifen (halbe Ringe) schneiden. Die Zwiebeln würfeln.
Das Öl erhitzen. Die Zwiebeln darin andünsten. Dann die Selleriewürfel zufügen, das Wasser angießen und zugedeckt 3 Minuten dünsten. Den Lauch und das Selleriegrün zugeben und das Gemüse noch etwa 10 Minuten dünsten, bis es weich ist, aber noch Biß hat.
Die abgetropften Bohnen, die Oliven und den Pfeffer unter das Gemüse mischen. Das Ganze erwärmen und 5 Minuten ziehen lassen. Wenn nötig, noch mit etwas Salz abschmecken.
Zum Schluß die Petersilie und den Zitronensaft unterrühren.

Dazu passen:
Fladenbrot oder Brötchen.

Kichererbsen mit Wirsing

Zu beachten:
Einweichzeit für Kichererbsen: 8—12 Stunden

250 g Kichererbsen (ersatzweise: gelbe Erbsen)
etwa 600 g Wasser
Salz
150 g Zwiebeln
500 g Wirsingkohl
2—3 EL Öl
½ TL getrockneter Thymian
¼ TL gemahlener Piment
¼ TL geriebene Muskatnuß
250 g Tomaten
2 EL gehackter Dill (ersatzweise: gehackte Petersilie)
1 EL Zitronensaft

Die Kichererbsen, wie im Grundrezept (s. Seite 155) beschrieben, in dem Wasser einweichen und gar kochen. ½ TL Salz zufügen und die Kichererbsen nachquellen lassen.
Inzwischen die Zwiebeln würfeln und den Wirsingkohl in feine Streifen schneiden.
Das Öl erhitzen, die Zwiebeln andünsten, den Wirsing zugeben und den Thymian untermischen. Dann 5 EL Wasser/Kochbrühe der Kichererbsen zugeben und das Gemüse bei schwacher Hitze zugedeckt gut 15 Minuten dünsten.
Den Piment, den Muskat und noch ¼ TL Salz untermischen. Die Tomaten fein würfeln und mit den abgetropften Kichererbsen und den Kräutern unter den Kohl heben.
Mit Zitronensaft abschmecken. Alles noch 5 Minuten durchziehen lassen.

Dazu passen:
Fladenbrot, Brötchen oder Kartoffeln.

Weiße Bohnen mit Mangold

Zu beachten:
Einweichzeit für Bohnen: 8—12 Stunden

*250 g weiße Bohnen
etwa 500 g Wasser
Salz
600—700 g Mangold
100 g Zwiebeln
2 EL Öl
½ TL gemahlener
Koriander
1 zerdrückte Knoblauch-
zehe
frischgemahlener Pfeffer
2—4 EL Zitronensaft
2 EL Butter (nach
Belieben)
Zitronenscheiben (nach
Belieben)*

Die Bohnen, wie im Grundrezept (s. Seite 155) beschrieben, in dem Wasser einweichen und garen. ½ TL Salz zufügen und die Bohnen nachquellen lassen.
Inzwischen das Gemüse zubereiten. Den Mangold zerkleinern: die Stiele abschneiden und in etwa 1 cm breite Streifen schneiden, die Blätter grob hacken oder 2- bis 3mal längs teilen und quer in schmale Streifen schneiden. Der Anteil Blätter sollte überwiegen (etwa ⅔ Gewichtsanteil). Sie können auch nur Blätter verwenden und die Stiele als separates Gemüse zubereiten. In diesem Fall reichen 600 g Mangoldblätter aus.
Die Zwiebeln fein würfeln und in dem Öl andünsten. Die Mangoldstiele und den Koriander zufügen und etwa 3 EL Wasser/Kochbrühe der Bohnen zugießen. Etwa 5 Minuten zugedeckt dünsten.
Dann die Mangoldblätter zugeben und etwa weitere 8 Minuten dünsten. Dabei 1- bis 2mal umwenden. Bei Bedarf etwas Wasser zugießen.
Den Knoblauch, den Pfeffer und etwa ¼ TL Salz unterrühren. Das Gemüse mit den abgetropften Bohnen vermengen und das Gericht mit dem Zitronensaft abschmecken. Noch 5 Minuten durchziehen lassen.

Wenn gewünscht, zerlassene Butter über das Gemüse träufeln und mit Zitronenscheiben garniert servieren.

Dazu passen:
Fladenbrot oder Brötchen.

Erbsen mit Zucchini

Zu beachten:
Einweichzeit für Erbsen: 8—12 Stunden

250 g gelbe oder grüne Erbsen
etwa 500 g Wasser
Salz
100 g Zwiebeln
400 g Zucchini
100 g Lauch
2 EL Öl
$^2/_3$ TL Kurkuma
$^1/_4$ TL Zimtpulver
$^1/_4$ TL geriebene Muskatnuß
1 zerdrückte Knoblauchzehe (nach Belieben)
$^2/_3$—1 TL getrocknete Minze, zerrieben
2 EL gehackte Petersilie

Die Erbsen nach dem Grundrezept (s. Seite 155) in dem Wasser einweichen und garen. ½ TL Salz untermischen und die Erbsen nachquellen lassen.
Inzwischen die Zwiebeln würfeln, die Zucchini in Scheiben schneiden (große eventuell vorher längs halbieren) und den Lauch in 1 cm breite Streifen schneiden.
Die Zwiebelwürfel in dem Öl glasig braten. Die Gewürze unterrühren und die Zucchini und den Lauch zugeben, 3—5 EL Wasser/Kochbrühe der Erbsen zugießen und das Gemüse zugedeckt etwa 10 Minuten dünsten.
Unter das Gemüse ¼ TL Salz, den Knoblauch und die Minze mischen; die abgetropften Erbsen unterheben. Noch 5 Minuten ziehen lassen.
Mit Petersilie bestreuen.

Dazu passen:
Fladenbrot. Sie können auch Kartoffeln oder eine kleine Portion gekochtes Getreide dazu servieren.

Variante:
Wenn Ihnen der Minzegeschmack nicht zusagt, ziehen Sie statt dessen 2—4 EL gehackten Dill unter das Gemüse.

Bohnen-Lauch-Auflauf

Zu beachten:
Einweichzeit für Bohnen: 8—12 Stunden

250 g weiße Bohnen
etwa 500 g Wasser
500 g Lauch
2 EL Öl oder Butter
½ TL geriebene Muskatnuß
1 Prise gemahlener Piment
Salz
½ TL gemahlener Koriander
¼ TL gemahlener Kümmel
frischgemahlener Pfeffer
etwa 300 g Tomaten
100 g geriebener Käse
(Emmentaler, Gouda)
2 Eier
250 g saure Sahne
1½ TL feingemahlener Weizen

Für die Form:
Butter

Die Bohnen nach dem Grundrezept (s. Seite 155) in dem Wasser einweichen und garen.
Den Lauch in 1—2 cm breite Streifen schneiden. In dem Fett andünsten und mit 3—4 EL Wasser/Kochbrühe der Bohnen zugedeckt etwa 5 Minuten knapp gar dünsten. Mit dem Muskat, dem Piment und 1 Prise Salz abschmecken.
Unter die gegarten, abgetropften Bohnen den Koriander, den Kümmel, den Pfeffer und knapp ½ TL Salz mischen.
Die Tomaten in Scheiben schneiden.
Die Hälfte des Lauchs in eine gefettete Auflaufform füllen, mit den Tomatenscheiben belegen und ⅓ des Käses

darüberstreuen. Dann die Bohnen einfüllen und den Rest des Lauchs einschichten.
Die Eier verquirlen und mit der Sahne, dem Mehl und einem weiteren Drittel Käse gut verrühren. Über das Gemüse gießen.
Im Backofen bei 200°C auf der zweiten Schiene von unten etwa 30 Minuten backen. Den Auflauf mit dem restlichen Käse bestreuen und auf der zweiten Schiene von oben noch 10 Minuten backen, bis der Käse geschmolzen ist.

Erbsen-Reis-Auflauf mit Möhren

Zu beachten:
Einweichzeit Erbsen: 8—12 Stunden

150 g Erbsen
500 g Wasser
100 g Naturreis
100 g Zwiebeln
1—2 EL Öl
300 g Möhren
3 Eier
$1/3$ TL geriebene Muskatnuß
$1/3$ TL gemahlener Pfeffer

$1/2$ TL gemahlener Koriander
$3/4$ TL Salz
2 EL weiche Butter
50 g gemahlene Nüsse oder Mandeln

Für die Form:
Butter

Die Erbsen nach dem Grundrezept (s. Seite 155) in 300 g Wasser einweichen, garen und nachquellen lassen.
Den Reis mit 200 g Wasser zum Kochen bringen und etwa 25 Minuten bei schwacher Hitze kochen, dann ausquellen und abkühlen lassen.
Die Zwiebeln fein würfeln und in dem Öl goldgelb dünsten. Die Möhren reiben oder ganz fein raspeln.
Die abgetropften, abgekühlten Erbsen pürieren und die verquirlten Eier, die Gewürze und das Salz unterrühren.

Dann die Butter, die Nüsse/Mandeln, die Zwiebeln, den Reis und die Möhren untermengen.
Die Masse in eine gefettete Auflaufform füllen.
Im Backofen bei 180°C 45—50 Minuten backen (zweite Schiene von unten).

Dazu paßt:
Joghurt-Tomaten-Dip (s. Seite 186) (1½fache Rezeptmenge).

Hülsenfrüchte als Braten, Bratlinge und Klößchen

Klößchen und Bratlinge aus Hülsenfrüchten sind eine orientalische Spezialität. Sie werden traditionell in Fett fritiert, können aber auch in der Pfanne in wenig Fett gebraten oder im Ofen gebacken werden. In Indien kennt man auch gedämpfte Klößchen.
Hülsenfruchtbraten sind meine eigene, an mitteleuropäische Gewohnheiten angelehnte, Version.
Der Teig für die traditionellen Gerichte wird auf unterschiedliche Weise hergestellt. Die Hülsenfrüchte werden 1—3 Tage eingeweicht, dann, falls man nicht geschälte verwendet hat, von der Schale befreit und zerstoßen, püriert oder durch den Fleischwolf gedreht.
Eine andere Zubereitungsart verlangt, die Hülsenfrüchte zuerst zu kochen und dann zu zerkleinern.
Diese zweite Art der Zubereitung sollte immer dann angewandt werden, wenn Hülsenfrüchte mit Schale verwendet werden. Sie erlaubt auch mehr Flexibilität im Küchenplan, da gekochte Hülsenfrüchte ein paar Tage im Kühlschrank aufbewahrt werden können.
In Indien werden Klößchen auch aus Hülsenfruchtmehlen zubereitet.

Kichererbsenbällchen
(Felafel)

Dieses Rezept mit Kichererbsen entstammt der israelischen Küche. Die Ägypter bevorzugen Bohnen als Grundlage.

Zu beachten:
Einweichzeit für Kichererbsen: 8—12 Stunden

*200 g Kichererbsen
etwa 450 g Wasser
50 g Zwiebeln
1 Ei
½ TL gemahlener Kreuzkümmel (nach Belieben auch mehr)
½ TL gemahlener Koriander
1 Msp Cayennepfeffer
frischgemahlener Pfeffer*

*½ TL Salz
1—2 zerdrückte Knoblauchzehen
1—2 EL feingehackte Petersilie
etwa 2 EL Vollkornmehl oder -brösel*

Zum Braten:
Kokosfett

Die Kichererbsen nach dem Grundrezept (s. Seite 155) in dem Wasser einweichen und garen.
Die abgetropften Kichererbsen pürieren oder durch den Fleischwolf drehen. Die Zwiebeln dabei mitzerkleinern oder sehr fein würfeln. Das Ei, die Gewürze, das Salz, den Knoblauch, die Petersilie und gegebenenfalls die Zwiebelwürfel mit dem Püree vermischen. So viel Mehl unterrühren, daß ein formbarer, aber nicht zu fester Teig entsteht. Die Teigmasse 20 Minuten ruhen lassen.
Mit nassen Händen Klößchen von 3—4 cm Ø formen und etwas flachdrücken. In einer Pfanne etwas Kokosfett erhitzen und die Klößchen darin von jeder Seite etwa 4 Minuten goldbraun braten. (Die Klößchen können auch im Backofen gebacken werden. In diesem Fall 2 EL Öl unter den Teig mischen.)

Dazu passen:
Fladenbrot und kalte Tomatensauce (s. Seite 184), Knoblauchsauce (s. Seite 185) und/oder Salate.

Varianten:
1. *Indische Hülsenfruchtbällchen:* Knoblauch und Petersilie weglassen. 1 TL feingeraspelten frischen Ingwer untermischen. Statt der Kichererbsen können grüne/gelbe Erbsen oder auch weiße Bohnen genommen werden. Zu den indischen Hülsenfruchtbällchen können Fladenbrot und Joghurt-Dips (s. Seite 186 f.) gereicht werden.
2. *Hülsenfruchtbällchen in Joghurt (Salat):* Die indischen Hülsenfruchtbällchen mindestens 1 Stunde in einer Joghurtsauce ziehen lassen.
Für die Joghurtsauce 600—800 g Joghurt mit je 1 Prise Salz und gemahlenem Kreuzkümmel cremig schlagen. Das Gericht wird mit Brot als Salat serviert. Mit etwas Paprikapulver und Petersilie garnieren.

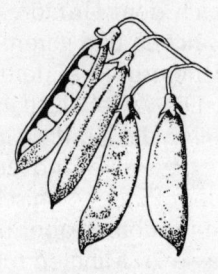

Erbsenrolle mit Gemüse-Nuß-Füllung

Zu beachten:
Einweichzeit für Erbsen: 8—12 Stunden

Für den Erbsenteig:
200 g grüne Erbsen
etwa 400 g Wasser
1—2 Eier
frischgemahlener Pfeffer
½ TL Salz
1—2 EL Hefeflocken
(nach Belieben)
1—4 EL feingemahlener Weizen
1—2 EL weiche Butter oder Öl
1 EL Öl
1—2 EL Wasser
1 Prise Salz
1—2 Msp gemahlener Piment
¼ TL gemahlener Kardamom
frischgeriebener Muskat
1—2 EL gehackte Mandeln oder Nüsse
2 EL gehackte Petersilie (nach Belieben)

Für die Füllung:
80 g Zwiebeln
100 g Möhren

Für die Form:
Butter

Die Erbsen nach dem Grundrezept (s. Seite 155) in dem Wasser einweichen, garen und anschließend abkühlen lassen.

Die abgetropften Hülsenfrüchte pürieren oder durch den Fleischwolf drehen. Die Eier mit dem Salz und dem Pfeffer unter die Masse rühren. Die Hefeflocken und eßlöffelweise das Vollkornmehl unterarbeiten. Es soll ein nicht zu fester, formbarer Teig entstehen. Zum Schluß das Fett untermischen. Den Teig 10 Minuten ruhen lassen.

Inzwischen für die Füllung die Zwiebeln fein würfeln, die Möhren fein raspeln. Das Gemüse in dem Öl und dem Wasser knapp gar dünsten. Etwas abkühlen lassen und die übrigen Zutaten untermischen.

Eine Kastenform von 20 cm Länge an den Breitseiten

und in den Ecken einfetten. Einen Streifen Backtrennpapier, etwa 17 × 40 cm, zuschneiden. Die Breite muß der unteren Länge der Kastenform entsprechen.

Mit nassen Händen den Erbsenteig auf dem Backtrennpapier zu einem Rechteck (etwa 17 × 23 cm) breitdrücken. Die Teigoberfläche mit der Gemüsefüllung belegen (s. Zeichnung zur Orientalischen Getreiderolle, s. Seite 132). Das Ganze mit Hilfe des Backtrennpapiers von der Schmalseite her aufrollen, Schlußnaht nach unten. Die Rolle mit dem Papier in die Kastenform legen. Überstehendes Papier abschneiden. Die Oberfläche der Rolle mit nassen Händen glattstreichen.

Im vorgeheizten Backofen auf der unteren Schiene bei 200°C etwa 40—45 Minuten backen.

Dazu paßt:
Kürbisgemüse (s. Seite 77) oder ein anderes, nicht zu trockenes Gemüse.

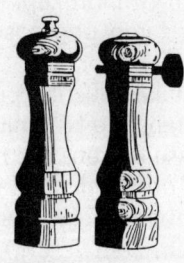

Kichererbsenrolle
mit Zwiebel-Pflaumen-Füllung

Zu beachten:
Einweichzeit für Kichererbsen: 8—12 Stunden

Für den Kichererbsenteig:
200 g Kichererbsen
etwa 450 g Wasser
1—2 Eier
frischgemahlener Pfeffer
1 Hauch Cayennepfeffer
¼ TL Kurkuma
½ TL Salz
1—2 EL Hefeflocken
(nach Belieben)
1—4 EL Weizenvollkornmehl
1—2 EL weiche Butter
oder Öl

Für die Füllung:
150 g Zwiebeln
1—2 EL Öl
1 EL Wasser
¼ TL Piment
2 EL feingehackte Mandeln
2 EL kleingeschnittene, ungeschwefelte Trockenpflaumen
1 Prise Salz
1—2 EL gehackte Petersilie (nach Belieben)

Für die Form:
Butter

Nach der Anweisung des vorhergehenden Rezeptes vorgehen und einen Kichererbsenteig herstellen.
Für die Füllung die Zwiebeln fein würfeln und in dem Öl und dem Wasser dünsten. Die übrigen Zutaten mit den Zwiebeln vermischen.
Wie bei der Erbsenrolle beschrieben, den Hülsenfruchtteig füllen, formen und in einer Kastenform backen.

Dazu passen:
Gebackene Auberginen mit Birnen (s. Seite 89), Arabische Möhren (s. Seite 75), Spinat- oder Lauchgemüse oder ein anderes, nicht zu trockenes Gemüse.

Kichererbsenklößchen in Spinatgemüse

(Foto Seite 161)

Spinat findet in der orientalischen Küche mehr Beachtung als bei uns. Möglicherweise liegt das daran, daß Spinat aus diesem Gebiet stammt. Urheimat sollen der Iran oder der Kaukasus sein.
Wegen des hohen Oxalsäuregehaltes von Spinat ist eine gleichzeitige Milchzufuhr günstig. Die Oxalsäure geht mit dem Calcium der Milch eine unlösliche Verbindung ein.

Zu beachten:
Einweichzeit für Kichererbsen: 8—12 Stunden

Für die Klößchen:
150 g Kichererbsen
etwa 350 g Wasser
1 Ei
⅓ TL gemahlener Pfeffer
¼ TL gemahlener Koriander
¼ TL Kurkuma
⅓ TL Salz
1 EL Hefeflocken (nach Belieben)
1—3 EL feingemahlener Weizen oder Vollweizengrieß

Für das Gemüse:
800 g Spinat
100 g Zwiebeln
2 EL Öl
1—2 TL getrocknete Minze
1—2 zerdrückte Knoblauchzehen
½ TL Salz
frischgeriebene Muskatnuß
frischgemahlener Pfeffer
150 g saure Sahne

Die Kichererbsen nach dem Grundrezept (s. Seite 155) einweichen, garen und abkühlen lassen.
Von den gegarten Kichererbsen 2 EL zum Garnieren beiseite stellen.
Die übrigen abgetropften Kichererbsen pürieren oder durch den Fleischwolf drehen. Das Ei, die Gewürze und das Salz unterrühren. Die Masse mit den Hefeflocken

und dem Mehl oder dem Grieß vermengen und einen formbaren Teig herstellen. Den Teig 20 Minuten ruhen lassen.
Aus der Masse kirschgroße Klößchen formen.
Den Spinat fein hacken und die Zwiebeln fein würfeln. Das Öl erhitzen, die Zwiebeln darin andünsten und den Spinat zugeben. Unter mehrmaligem Wenden kurz dünsten, bis der Spinat zusammengefallen ist und sich etwas Flüssigkeit gebildet hat. Im allgemeinen reicht das anhaftende Waschwasser aus. Nur, wenn nötig, ein wenig Wasser zugießen.
Die Klößchen auf den Spinat legen. Etwa 10 Minuten schwach kochen lassen.
Die Klößchen herausnehmen und in eine flache Schüssel legen.
Die Minze und den Knoblauch unter den Spinat rühren und das Gemüse mit dem Salz, dem Muskat und dem Pfeffer abschmecken. Die saure Sahne durchrühren und unterziehen.
Den Spinat über die Klößchen gießen und das Gericht mit den zurückbehaltenen ganzen Kichererbsen garnieren.

Dazu passen:
Gelber Reis (s. Seite 122) oder Kurkuma-Kartoffeln (s. Seite 85).

Erbsenklößchen in Tomatensauce

Zu beachten:
Einweichzeit für Erbsen: 8—12 Stunden

Für die Klößchen:
150 g Erbsen
etwa 350 g Wasser
1 Ei
¼ TL gemahlener Fenchel
⅓ TL gemahlener
Koriander
frischgemahlener Pfeffer
knapp ½ TL Salz
1 EL gemahlene Mandeln
oder Nüsse
1—2 EL feingemahlener
Weizen

Für die Sauce:
100 g Zwiebeln
2 EL Öl
400 g Tomaten

⅓ TL Salz
⅓ TL gemahlener
Koriander
1 EL feingemahlener
Naturreis
1 TL feingeraspelter
frischer Ingwer
1—2 EL Tomatenmark
100 g Sahne

Für den Dünsteinsatz:
Butter

Zum Garnieren:
1 EL gehobelte oder
gehackte Mandeln oder
Nüsse

Die Erbsen in dem Wasser einweichen und nach Grundrezept (s. Seite 155) garen. Anschließend abkühlen lassen.
Die abgetropften Erbsen pürieren oder durch den Fleischwolf drehen. Das Ei unterrühren und mit den Gewürzen und dem Salz abschmecken. Die gemahlenen Mandeln/Nüsse und so viel Mehl unterarbeiten, daß ein formbarer Teig entsteht. Diesen 20 Minuten ruhen lassen.
Aus der Masse mit nassen Händen Klößchen von etwa 3 cm Ø formen und in einen gefetteten Dämpfeinsatz geben. Die Klößchen dann etwa 15 Minuten dämpfen.
Inzwischen für die Sauce die Zwiebeln würfeln und in dem Öl etwa 5 Minuten dünsten. Die Tomaten mit den

Zwiebeln pürieren und zum Schluß das Salz, den Koriander und das Reismehl untermixen. Das Tomatenpüree einmal kurz aufkochen und 5 Minuten auf der ausgeschalteten Platte (Drahtnetz unterlegen) ziehen lassen. Unter die Sauce den Ingwer, das Tomatenmark und die Sahne ziehen. Nochmals erwärmen, aber nicht mehr kochen. Die Klößchen in eine Schüssel legen, die Tomatensauce darübergießen und das Gericht mit den Mandeln/Nüssen bestreuen.

Dazu paßt:
Naturreis (kleine Portion).

Variante:
Die Klößchen können auch als Bratlinge in der Pfanne in heißem Kokosfett gebraten werden.

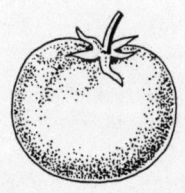

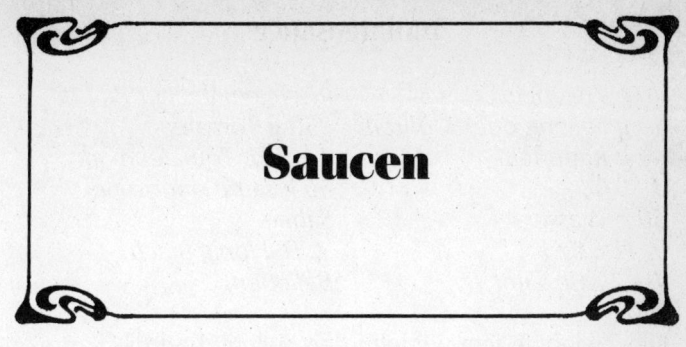

Saucen

Griechische Zitronensauce

3 Eier
150 g Wasser oder
Gemüsebrühe
4—6 EL Zitronensaft
⅓ TL Salz
frischgemahlener Pfeffer

Die Eier verquirlen und die übrigen Zutaten unterrühren.
Die Eiermischung unter ständigem Rühren bei schwacher Hitze (eventuell im Wasserbad) erhitzen, bis sie andickt (sie darf nicht kochen!). Sofort servieren.

Paßt zu:
Kohlrabi mit Haferfüllung (s. Seite 181), Grünkern mit Broccoli (s. Seite 129) und zu einfachen Gemüse- und Getreidegerichten.

Tomatensauce

40 g Zwiebeln
40 g Sellerie oder Möhren
40 g Kartoffeln
3 EL Öl
50 g Wasser
¼ TL Salz
1—2 Msp Zimt

frischgemahlener Pfeffer
250 g Tomaten
1—2 EL Tomatenmark
50 g saure oder süße Sahne
½ TL Honig (nach Belieben)

Die Zwiebeln fein würfeln, den Sellerie und die Kartoffeln fein reiben.
Das Gemüse in dem Öl andünsten, das Wasser zugeben und zugedeckt etwa 8 Minuten leise kochen lassen.
Das Gemüse salzen und würzen und die pürierten oder sehr fein gewürfelten Tomaten untermischen. Vorsichtig erwärmen (aber nicht kochen!). Das Tomatenmark einrühren und die Sahne unterziehen. Wenn gewünscht, mit etwas Honig abschmecken.

Paßt zu:
Zwiebelbratlingen (s. Seite 105), Getreidebratlingen (s. Seite 137), Nudeln oder Reis.

Tomaten-Zwiebel-Sauce

150 g Zwiebeln
2 EL Öl
½—¾ TL getrockneter Thymian, zerrieben
⅓ TL gemahlener Koriander
frischgemahlener Pfeffer

300 g Tomaten
1 kleine zerdrückte Knoblauchzehe
¼ TL Salz
1—2 EL Tomatenmark
Honig nach Belieben

Die Zwiebeln sehr fein würfeln und in dem Öl dünsten. Wenn nötig, 1—2 EL Wasser zufügen. Den Thymian und die Gewürze untermischen.
Die Tomaten pürieren oder sehr klein schneiden. Zu den Zwiebeln geben. Den Knoblauch, das Salz und das Tomatenmark unterrühren. Die Sauce erwärmen, aber nicht kochen. Eventuell mit einer Spur Honig abschmecken.

Paßt zu:
Getreidebraten mit Grüne-Bohnen-Füllung (s. Seite 142), zu Getreidebratlingen (s. Seite 137) oder Nudeln. Die Gewürze und Kräuter können dabei variiert und dem jeweiligen Gericht angepaßt werden.

Würzvarianten:

1. Thymian, Koriander und Knoblauch weglassen und die Sauce statt dessen mit ⅛—¼ TL Zimtpulver abschmecken.
2. Thymian weglassen. Die Koriandermenge auf 1 Prise reduzieren und die Sauce zusätzlich mit je 1 Prise Zimtpulver, gemahlenen Nelken, gemahlenem Kardamom und gemahlenem Kreuzkümmel würzen. Nach Belieben kann auch gehackte Petersilie oder feingeraspelter frischer Ingwer untergezogen werden.

Kalte Tomatensauce

Diese Tomatensauce wird traditionell sehr scharf abgeschmeckt. Im folgenden biete ich eine mildere Variante an.

400 g Tomaten
40 g Zwiebeln
¼ TL gemahlener Kümmel
¼ TL gemahlener Koriander
¼ TL gemahlener Pfeffer
1—2 Prisen gemahlener Kreuzkümmel
1 Prise gemahlener Kardamom
1 Msp Cayennepfeffer
1—2 zerdrückte Knoblauchzehen
2 EL gehackte Petersilie und/oder gehackter Dill
⅓ TL Salz

⅔ der Tomaten und die Zwiebeln sehr fein würfeln, die restlichen Tomaten pürieren.
Das Tomatenpüree mit den Tomaten- und Zwiebelwürfeln, den Gewürzen und dem Knoblauch vermischen und die Kräuter unterziehen. Die Sauce mit dem Salz abschmecken.

Paßt zu:
Getreidebratlingen (s. Seite 137) oder zu Kichererbsenbällchen (s. Seite 171).

Griechische Knoblauchsauce

2 dicke Scheiben Weizen-
vollkornbrot ohne Rinde
(knapp 80 g) oder 200 g
gekochte Kartoffeln
knapp 1/8 l Wasser
2—4 zerdrückte Knob-
lauchzehen

2—3 EL gemahlene
Mandeln (30 g)
1—2 EL Zitronensaft
2—3 EL Öl
1/3 TL Salz

Das Brot in Würfel schneiden und mit 2/3 des Wassers und den übrigen Zutaten in den Mixer geben. Alles mixen/pürieren und das restliche Wasser nach und nach zugeben, bis eine cremige, dickflüssige Sauce entstanden ist (sie dickt etwas nach).
Wenn Sie das Brot durch Kartoffeln ersetzen, nehmen Sie für die Zubereitung das Handrührgerät mit den Quirleinsätzen.
Die Kartoffeln durch die Kartoffelpresse in eine Rührschüssel drücken. Den Knoblauch, die Mandeln, den Zitronensaft, das Öl und das Salz zufügen und alles verrühren. Nach und nach etwas Wasser unterschlagen. Je nachdem, wie intensiv Sie rühren und wieviel Wasser Sie unterschlagen, wird das Ergebnis mehr eine cremige Sauce oder ein dickes Püree sein.

Paßt zu Bratlingen.

Joghurt-Dips (Joghurt-Salate)

Die indischen Joghurt-Salate sind für uns eher Saucen oder Dips. Sie werden als Beilage zu Hauptgerichten gereicht und sollen einen Ausgleich zu stärker gewürzten Speisen schaffen.
Wir selbst essen sie sehr gern zu Getreide- oder Hülsenfruchtbratlingen.

Joghurt-Kräuter-Dip

250 g Joghurt
1 Prise Salz
1 Hauch Cayennepfeffer
1 TL getrocknete Minze, zerrieben
1 EL sehr feine Zwiebelwürfel
2 EL feingehackte Petersilie

Den Joghurt mit dem Salz, dem Cayennepfeffer und der Minze glattrühren. Die Zwiebelwürfel und die Petersilie unterziehen.

Joghurt-Tomaten-Dip

250 g Joghurt
1 Prise Salz
¼ TL gemahlener Koriander und/oder 1 Prise gemahlener Kreuzkümmel
200 g feste Tomaten
2 EL Kresse oder Schnittlauchröllchen (ersatzweise: Petersilie/Dill)

Den Joghurt mit dem Salz und den Gewürzen verrühren. Die Tomaten würfeln und zusammen mit den Kräutern vorsichtig unter den Joghurt ziehen.

Joghurt-Blumenkohl-Dip

250 g Joghurt
1 Prise Salz
⅛ TL Kurkuma
1 Hauch Cayennepfeffer
(nach Belieben)

150 g Blumenkohl
1 EL feingehackte Petersilie

Den Joghurt cremig schlagen und mit dem Salz und den Gewürzen abschmecken. Den Blumenkohl fein raspeln. Alles vermengen.

Joghurt-Bananen-Dip

250 g Joghurt
3 EL feingehackte Mandeln oder geriebene frische Kokosnuß, bzw. Kokosflocken

1 TL feingeraspelter frischer Ingwer
1 EL Öl
1 TL Senfkörner
1 große oder 2 kleine Bananen

Den Joghurt mit den Mandeln und dem Ingwer cremig rühren. Das Öl erhitzen, die Senfkörner zugeben und rösten, bis sie platzen und sich grau verfärbt haben (Pfanne abdecken).
Die Banane(n) in dünne Scheiben oder in Würfel schneiden und mit den Senfkörnern unter den Joghurt mischen.

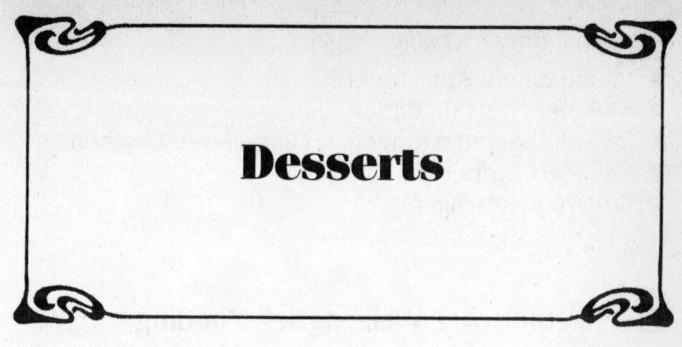

Desserts

In der orientalischen Küche wird als Dessert gerne frisches Obst gereicht. Auch Obstkompotte, oft mit Zimt und Blütenwasser aromatisiert, sowie Obstgelees (Türkei) sind beliebt. Daneben haben Milchpuddings und Milchcremes große Bedeutung. Manche Puddings sind stark aromatisiert und durch Zugabe von Nüssen recht gehaltvoll. Sie werden vielfach nicht als Dessert, sondern nachmittags zum Tee gereicht.
Typisch orientalisch ist es, die Süßspeisen, wie andere Speisen auch, immer sehr ansprechend garniert zu servieren.

Obstsalate

Bei den Obstsalaten brauchen Sie sich an keine Vorgaben zu halten. Die Früchte werden kleingeschnitten, nach Geschmack mit etwas Honig gesüßt und nach Belieben mit Zitronensaft, Nüssen, frisch geriebenem Ingwer, Vanille oder einen Schuß Alkohol aromatisiert.
Obstsalate sollten möglichst erst kurz vor dem Verzehr zubereitet werden. An Kombinationen der Obstsorten ist erlaubt, was gefällt und was der Markt hergibt. So können Sie zum Beispiel farblich einen Kontrast oder eine Ähnlichkeit anstreben.

Kombinationsvorschläge:

- Weintrauben, Äpfel (oder Birnen)
- Melone, Pfirsiche, Birnen
- Johannisbeeren, Erdbeeren, Himbeeren, Kirschen
- Bananen, Erdbeeren
- Birnen, Zwetschgen.

Indischer Weizengrieß-Pudding

Dieser Pudding, auch *Halva* genannt, ist eine bekannte, häufig angebotene Süßspeise. Sie läßt sich schnell zubereiten. Da sie sehr gehaltvoll ist, sollten nur kleine Portionen gereicht werden.

Mein Mann und ich haben diesen Pudding das erste Mal in einem indisch-pakistanischen Restaurant gegessen, wo der Chef ihn selber zubereitete. Er wurde uns rot, ein anderes Mal grün gefärbt serviert. Ich vermute, daß zur Farbe gegriffen wird, weil die natürliche bräunlich-graue Farbe wenig dekorativ wirkt. Doch sollte man sich davon nicht beeinflussen lassen.

Bei der Zubereitung wird der Grieß üblicherweise in Fett angeröstet. Hier nun mein Rezeptvorschlag.

Für 3—4 Personen:

*2 EL ungeschwefelte
Rosinen (Weinbeeren)
80 g Butter
250 g Wasser
100 g Vollweizengrieß
2 EL grobgehackte
Cashewnüsse oder
Mandeln
1 Msp—¼ TL gemahlener
Kardamom
etwa 2 EL Honig*

Die Rosinen kurz in wenig warmem Wasser weichen lassen.
Die Butter schmelzen und das Wasser zugießen.
Den Grieß in einem trockenen Topf unter Rühren leicht

anrösten (bis es duftet). Die Butter-Wasser-Mischung zugießen. Alles unter fortwährendem Rühren erhitzen und kurz kochen, bis ein fester Brei entstanden ist und sich der Pudding vom Boden löst.
Die Rosinen, die Nüsse, den Kardamom und den Honig untermischen und sofort servieren.

Noahs Restepudding
(Asure)

Dieses Dessert wird in Erinnerung an Noah gekocht. Die Zutaten sind für ein Dessert ungewöhnlich. Der Legende zufolge ließ Noah am letzten Tag auf der Arche diese Speise aus den vorhandenen Lebensmittelresten bereiten.
Die Zutaten sind vorher getrennt zu kochen. Bei den geringen Mengen ist das energie- und zeitaufwendig. Deshalb empfiehlt es sich, bei der Zubereitung entsprechender Gerichte den Bedarf für das Dessert im voraus mit einzuplanen. Oder aber Sie kochen eine größere Menge Bohnen und Kichererbsen und frieren diese in Dessertportionen ein. Auch den Reis können Sie mitgefrieren, doch finde ich, daß er dabei sehr an Geschmack verliert. Auch Reste von gekochten Hülsenfrüchten und Reis lassen sich auf diese Art prima verwerten.
Hier nun meine Variante dieser beliebten türkischen Süßspeise.

Zu beachten:
Einweichzeit für Trockenfrüchte: 1—2 Stunden

Für 4—5 Personen:

1 EL gehackte, ungeschwefelte Trockenaprikosen
1 EL gehackte, ungeschwefelte Trockenfeigen
1 EL Rosinen
150 g Wasser/Einweichwasser
50 g Weizen, grob geschrotet
50 g gekochte weiße Bohnen
50 g gekochte Kichererbsen
70 g gekochter Naturreis
2 EL gemahlene Mandeln oder Nüsse
1 EL Honig
3 TL Zitronensaft
etwa 50 g geschagene Sahne

Zum Garnieren:
1—2 EL gehackte Mandeln oder Nüsse
frisches Obst (nach Belieben)

Die zerkleinerten Trockenfrüchte und die Rosinen rechtzeitig im Wasser einweichen (s. oben).
Das Einweichwasser abgießen und auf 150 g ergänzen. Den Weizenschrot einrühren und zu einem dicken Brei kochen. Die Hülsenfrüchte, den Reis, die eingeweichten Früchte und die gemahlenen Mandeln/Nüsse untermischen. Das Ganze ausquellen und abkühlen lassen und dann in den Kühlschrank stellen.
Unmittelbar vor dem Servieren den Honig, den Zitronensaft und die Sahne unterziehen und die Creme in Schälchen füllen.
Mit den gehackten Mandeln/Nüssen und nach Belieben mit frischem Obst garnieren.

Afghanischer Pudding

(Foto Seite 208)

Nach dem Originalrezept wird dieser Pudding sehr stark mit Kardamom gewürzt. Ich habe die Kardamommenge etwas reduziert. Nehmen Sie, wenn möglich, frisch gemahlenen bzw. frisch zerstoßenen Kardamom.

Zu beachten:
Kühlzeit: 2 Stunden

Für 4—5 Personen:

4 Blatt Gelatine
2—3 EL Wasser
400 g Milch
2 EL Honig
1 Msp gemahlener Kardamom
100 g Joghurt
2—3 EL feingehackte Pistazien (ersatzweise: Kürbiskerne oder Nüsse)
¼—½ TL grob zerstoßener oder knapp ¼ TL gemahlener Kardamom (nach Belieben auch mehr)

Die Gelatine 5 Minuten in dem Wasser einweichen, unter Rühren erwärmen und auflösen. Etwas Milch und den Honig zugeben. Alles verrühren und gegebenenfalls noch einmal erwärmen (bis 40°C), bis der Honig sich gelöst hat. Die Messerspitze Kardamom zufügen und nach und nach die restliche Milch und den Joghurt unterrühren.
Die Flüssigkeit in kleine Schälchen füllen und kühl stellen.
Vor dem Servieren die gehackten Pistazien mit dem restlichen Kardamom vermischen und über die Creme streuen.

Joghurt mit Walnüssen

Zu beachten:
Zeit zum Entwässern von Joghurt: 2—3 Stunden

250—300 g sehr fester
Joghurt (handelsüblichen
Joghurt möglichst leicht
entwässern)
1—2 EL flüssiger Honig

1—2 EL Wasser
1 EL Zitronensaft
etwa 6 EL grobgehackte
Walnüsse

Zum Entwässern des Joghurts etwa 500 g Joghurt in einen Kaffeefilter oder in ein Sieb geben, das mit einem Tuch ausgelegt ist. Etwa 2—3 Stunden stehenlassen. (Die sich dabei bildende Molke können Sie für Salatsaucen verwenden.)
Den entwässerten Joghurt in 4 kleine Portionsschälchen geben. Den Honig mit dem Wasser und dem Zitronensaft vermischen, eventuell leicht erwärmen.
Kurz vor dem Servieren die Walnüsse über den Joghurt streuen und über jede Portion 2—3 TL Honigwasser geben.

Joghurt-Gelee

Zu beachten: Kühlzeit: 3—4 Stunden

4 Blatt Gelatine
3 EL Wasser
1½ EL flüssiger Honig

350 g Joghurt
3 EL Zitronensaft

Die Gelatine zerkleinern, in dem Wasser einweichen und etwas erwärmen, bis sie sich aufgelöst hat. Den Honig und 3 EL Joghurt untermischen. Die Gelatinemischung vorsichtig unter den restlichen Joghurt rühren, dabei auch den Zitronensaft zugeben. In kalt ausgespülte Portionsformen füllen und in den Kühlschrank stellen.

Zum Servieren die Formen in heißes Wasser tauchen und das Gelee stürzen. Mit frischem Obst garnieren oder mit etwas Obstpüree aus frischen oder getrockneten Früchten (Dörrobstsauce, s. Seite 198) übergießen.

Kokos-Reis-Pudding

Reispuddings nehmen unter den Milchspeisen eine vorrangige Rolle ein. Sie werden oft aus ganzen Reiskörnern hergestellt. Dabei wird der Reis so lange in Milch gekocht, bis das Ganze eine breiig-cremige Konsistenz hat. Vom Standpunkt der Vollwerternährung ist das nicht gerade nachahmenswert.
Mit Reismehl geht es schneller und schonender.
Falls Ihnen der Reisbrei zunächst zu dick erscheint, so berücksichtigen Sie bitte, daß sich durch die spätere Zugabe von Honig die Konsistenz verändert. Einmal durch die Menge selbst (Verdünnung), zum anderen können die Säure und die Enzyme des Honigs Stärke abbauen.

30—50 g Kokosflocken
300 g Milch
80 feingemahlener Naturreis
1—2 EL Honig

Zum Garnieren:
Kokosflocken, Zimtpulver oder frisches Obst

Die Kokosflocken mit etwas Milch im Mixer pürieren. Das Püree und die restliche Milch in einen Topf geben und das Reismehl einrühren. Die Milch unter Rühren 2—3 Minuten kochen. Den Brei etwas ausquellen und abkühlen lassen. Den Honig unterrühren. Das Ganze in Portionsschälchen füllen.
Mit Kokosflocken und/oder Zimt bestreuen oder mit frischem Obst oder Obstpüree garnieren.

Aromatischer Reispudding

(Foto Seite 208)

*80 g feingemahlener
Naturreis
300 g Milch
1 Msp Safran
2 EL Honig
1—2 Msp gemahlener
Kardamom
1—2 EL gemahlene
Mandeln oder Nüsse*

Zum Garnieren und
Servieren:
*1 EL gehackte oder
gehobelte Mandeln oder
Nüsse
Dörrobstsauce (siehe
Seite 198) aus Pflaumen*

Das Reismehl in die Milch einrühren und die Mischung unter Rühren zum Kochen bringen. Etwa 3 Minuten kochen, dann ausquellen lassen.
Den Safran in 1 EL Wasser auflösen. Mit dem Honig, dem Kardamom und den Mandeln/Nüssen unter die Reismehlcreme rühren. Das Ganze anschließend in Portionsschälchen füllen.
Mit den gehackten bzw. gehobelten Mandeln/Nüssen garnieren und die Dörrpflaumensauce getrennt dazu servieren. Oder etwas von der Dörrpflaumensauce als Klecks auf den Pudding geben und die Mandeln/Nüsse darüberstreuen.

Gefüllte Dörrpflaumen

Zu beachten:
Einweichzeit für Trockenobst: 6—10 Stunden

*12—16 entsteinte, unge-
schwefelte Trocken-
pflaumen (oder Trocken-
aprikosen)
30—50 g gemahlene
Mandeln oder Nüsse*

*1 TL Honig
1 Msp Zimtpulver
50—70 g geschlagene
Sahne (nach Belieben mit
etwas Vanille aromatisiert)*

Das Trockenobst mit Wasser bedeckt für 6—10 Stunden einweichen.
Die Mandeln oder die Nüsse mit dem Honig und dem Zimt und, wenn erforderlich, mit 1 TL Wasser zu einer formbaren Masse verkneten. 12—16 kleine Kugeln formen und jede Pflaume bzw. Aprikose damit füllen.
Auf jede Frucht eine Sahnehaube setzen.

Variante:
Die Pflaumen in Rotwein, die Aprikosen in Weißwein einweichen.

Dörrpflaumencreme

Zu beachten:
Einweichzeit für Trockenpflaumen: 4—6 Stunden

200 g ungeschwefelte Trockenpflaumen (entsteint)
etwa 200—250 g Wasser
6 EL Zitronensaft
¼ TL Zimt

1 Prise gemahlene Nelken

Zum Garnieren:
geschlagene Sahne
Zimtpulver

Die Dörrpflaumen waschen, etwas zerkleinern und rechtzeitig in dem Wasser einweichen (s. oben)
Die Früchte mit dem Einweichwasser pürieren, bis die Masse cremig ist.
Mit dem Zitronensaft und den Gewürzen abschmecken.
Wenn das Püree sehr dick ist, noch etwas Wasser zufügen.
Die Creme in Schälchen füllen und jede Portion mit einem Tupfer Sahne garnieren. Die Sahne mit Zimt pudern.

Varianten:

1. *Sahnige Dörrpflaumencreme:* Etwas geschlagene Sahne unter die Pflaumencreme ziehen. Die Portionen mit 1—2 EL gehobelten oder gehackten Mandeln garnieren.
2. *Dörrobstsauce:* Etwa 100 g Trockenobst einweichen, pürieren und so viel Wasser zugeben, daß eine dickliche Sauce entsteht. Nach Belieben mit Gewürzen und Zitronensaft verfeinern.

Paßt zu: Joghurt-Gelee (s. Seite 194) oder Aromatischem Reispudding (s. Seite 196).

Tip:
Wenn es schnell gehen soll, pürieren Sie die Früchte gleich mit der entsprechenden Wassermenge und lassen Sie das Püree 1 Stunde quellen. Nochmals pürieren und mit Wasser auf die richtige Konsistenz bringen.

Süße körnige Hirse

Couscous ist eine Weizengrießart, die körnig in Wasserdampf gegart wird.
Vor allem in Ägypten ist Couscous, süß zubereitet, eine beliebte Nachspeise.
Hier eine süße Couscous-Version mit Hirse. Reichen Sie sie nach einem leichten Hauptgericht.

300 g Wasser
150 g Hirse
40—60 g Butter
1—2 EL Wasser
2 EL Honig
2 EL gehackte Nüsse oder Mandeln

Das Wasser zum Kochen bringen. Die heiß gewaschene Hirse in das kochende Wasser einrühren. Etwa 10 Minu-

ten bei schwacher Hitze kochen und ca. 10 Minuten ausquellen lassen. Sie darf nicht breiig werden!
Die Butter schmelzen und mit dem Wasser und dem Honig vermischen. Die Hirse mit der Gabel auflockern, in Schälchen verteilen und die Butter-Honig-Lösung darüberträufeln. Mit Nüssen bestreut warm servieren. Wer mag, kann auch etwas Zimt darüberstreuen.

Bananen-Eis mit Ingwer

Zu beachten: Kühlzeit: etwa 4 Stunden

200 g Sahne
2 kleine reife Bananen
(oder 1 große reife Banane)
2—3 EL flüssiger Honig
(50 g)

1 TL feingeriebener
frischer Ingwer (nach
Belieben auch mehr)

Die Sahne steif schlagen. Die Banane(n) mit dem Honig pürieren. Vorsichtig die Sahne und den Ingwer unterheben. Die fertige Creme in ein Gefäß füllen und tiefgefrieren.

Möhrenpudding

Der Möhrenpudding dieses Rezepts ist für Kenner kaum mit dem traditionellen Möhren-Halva vergleichbar, auch wenn es von diesem *Halva* viele Varianten gibt.
Nach dem Originalrezept werden die Möhren in Milch gekocht, und zwar so lange (etwa 1 Stunde), bis die Flüssigkeit aufgenommen, bzw. verdampft ist und ein dicker, trockener Pudding entstanden ist.
Der Pudding wird kalt oder warm serviert und zu festlichen Anlässen in Indien mit versilberten Blättern garniert.

250 g Möhren
100 g Wasser
1 EL feingemahlener
Naturreis
1—2 EL Honig
1—2 Msp gemahlener
Kardamom

1 EL gemahlene Nüsse
oder Mandeln
50 g geschlagene Sahne
(etwa 4 EL)

Zum Garnieren:
2 EL gehackte Nüsse

Die Möhren zerkleinern und in dem Wasser etwa 15 Minuten garen. Mit dem Kochwasser pürieren und das Reismehl unterrühren. Unter Rühren kurz aufkochen und ausquellen lassen.
Wenn der Brei etwas abgekühlt ist, den Honig, den Kardamom, die Nüsse/Mandeln und die Sahne unterziehen. In Schälchen füllen und kühl stellen.
Mit gehackten Nüssen garniert servieren.

Variante:
Wenn Ihnen Kardamom als Gewürz nicht so zusagt, schmecken Sie den Pudding mit etwas Zimt ab.

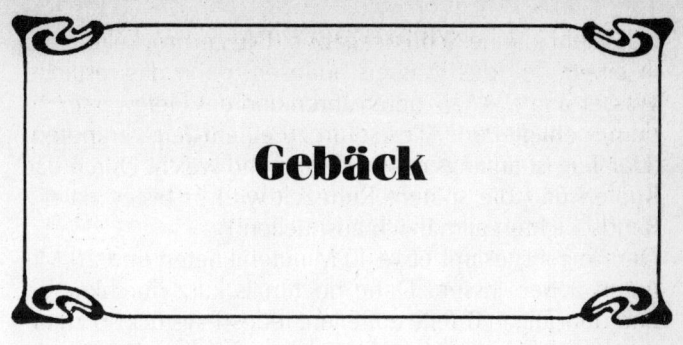

Gebäck

Brot und pikantes Gebäck

Arabisches Fladenbrot mit Tasche
(Foto Seite 161)

Fladenbrote gibt es in vielen Varianten. Sie unterscheiden sich hinsichtlich der Form, des Krumenanteils und der Verwendung von Teiglockerungsmitteln. Im allgemeinen ist Weizenmehl die Grundlage. Vielfach wird auch heute noch ausschließlich oder teilweise Vollkornmehl verwendet.

Typische Vertreter der orientalischen Brote sind die hauchdünnen indischen *Chapatis,* die etwas dickeren arabischen Fladenbrote, die mit und ohne Tasche gebakken werden und die türkischen Fladenbrote, die in ovaler oder runder Gestalt, meist mit Sesam bestreut, angeboten werden.

Für alle Fladenbrote gilt, daß sie weich und hell gebakken werden und frisch und warm gegessen am besten schmecken.

400 g Weizen, fein gemahlen
25 g Hefe
250 g Wasser
¾ TL Salz
Vollkornmehl zum Ausrollen und Bestäuben
Kokosfett für das Blech

Das Mehl in eine Schüssel geben. Die zerbröckelte Hefe in einem Teil des Wassers auflösen, dann das restliche Wasser und das Salz unterrühren und das Hefewasser zu dem Mehl gießen. Alles sofort zu einem Teig verkneten. (Der Teig ist anfangs relativ klebrig und weich. Durch das Kneten und die spätere Ruhezeit wird er fester, da die Randschichten allmählich ausquellen.)

Den Teig insgesamt etwa 10 Minuten kneten und 20 Minuten gehen lassen. Dann nochmals kurz durchkneten und den Teig in 8 Teile aufteilen. Jedes Teigstück so zu einer Kugel formen, daß die Teighaut glatt und gespannt ist. Das Teigstück mit der flachen Hand und kreisenden Bewegungen unter Druck formen, der Teigschluß kommt dann nach unten. Oder jeweils ein Stück Teigrand zur Mitte hin einschlagen und dies wiederholen, bis alle Teigränder eingeschlagen sind und das obere Stück faltig aussieht. Die Unterseite erhält dadurch eine gespannte, glatte Oberfläche.

Die geformten Teigkugeln (mit der glatten Haut nach oben) auf bemehlter Unterlage vorsichtig zu einem Fladen von 15—16 cm Ø ausrollen. Die Oberfläche leicht mit Mehl bestäuben und die Fladen 20 Minuten gehen lassen.

Inzwischen den Backofen auf 260°C aufheizen. Das Backblech auf die unterste Schiene legen und miterhitzen. Kurz bevor die Gehzeit abgelaufen ist, das Backblech mit einem Hauch Kokosfett einfetten.

Die zuerst geformten 4 Fladen auf das heiße Backblech legen und etwa 4 Minuten backen. Sie sollen sich wie ein Ballon aufgebläht haben. Die Fladen umdrehen und noch 2—3 Minuten backen. Sofort in ein Tuch wickeln, damit sie warm und weich bleiben.

Wenn der Ofen wieder die volle Backtemperatur erreicht hat, die restlichen Fladen in gleicher Weise backen.

Variante:
Arabisches Fladenbrot ohne Tasche: Den Teig nach dem

Formen nicht ruhen lassen und die Oberfläche mit einer Gabel mehrfach einstechen oder die Reibseite einer Gemüseraffel aufdrücken. Die Oberfläche nicht bemehlen, eventuell leicht einhöhlen.

Die Fladen sofort auf das heiße Backblech in den auf 260°C aufgeheizten Backofen legen. Von jeder Seite etwa 3—4 Minuten backen. Eventuell nach 2 Minuten die Fladen mit einem zusammengefalteten Tuch andrücken, um eine Blasenbildung zu vermeiden. Die Brote sollen zwar glasig sein, aber keine Taschen haben.

Die Fladen können auch in einer Pfanne gebacken werden. Eine schwere, am besten gußeiserne Pfanne erhitzen (vorletzte Stufe) und den Boden mit einem Hauch Kokosfett versehen. Jeweils einen (nicht gefetteten) Fladen in die Pfanne geben und etwa 2—3 Minuten bakken, bis die Unterseite leicht gebräunt ist. Dann umdrehen und noch 1—2 Minuten backen. Eventuell den Fladen auch hier andrücken, damit sich keine Tasche bilden kann.

Tip:
Die Fladen lassen sich gut einfrieren und sind bei Bedarf schnell aufgebacken. Am besten die Fladen in Alufolie einwickeln, in den kalten Backofen legen und auf 220°C aufheizen. Nach etwa 15 Minuten sind sie aufgetaut und durchwärmt. Sind die Fladen bereits aufgetaut, benötigen sie nur etwa 10 Minuten Backzeit.

Hinweise für die Zubereitung von Hefeteig:
Wird das Mehl mühlenwarm verarbeitet, kaltes Wasser (15—20°C) nehmen, sonst lauwarmes Wasser verwenden.

Indisches Fladenbrot
(Chapati)

Zu beachten:
Ruhezeit des Teiges: mindestens 1 Stunde

Für 8 Stück:

200 g Weizen, fein gemahlen
⅓ TL Salz
1 EL Öl
110 g lauwarmes Wasser
Vollkornmehl zum Ausrollen

In einer Schüssel das Weizenmehl, das Salz und das Öl vermischen, das Wasser zugießen und alles verkneten. Am besten, zunächst die Zutaten mit dem Handrührgerät vermengen und dann mit den Händen kneten. Den Teig insgesamt knapp 10 Minuten bearbeiten, bis er glatt und elastisch ist. Er darf nicht mehr kleben. Zu einer Kugel formen und zugedeckt mindestens 1 Stunde ruhen lassen.

Aus dem Teig eine Rolle formen und diese in 8 Teile schneiden. Die Teigstücke zu Kugeln formen und auf bemehlter Unterlage zu Fladen von 14—16 cm Ø ausrollen. Die ausgerollten Fladen möglichst etwas ruhen lassen (sie können in 2 Portionen auf Backtrennpapier übereinandergestapelt werden).

Eine schwere, am besten gußeiserne Pfanne ohne Fett erhitzen (mittlere bis starke Hitzezufuhr). Jeweils 1 Fladen hineinlegen und etwa 1 Minute backen, bis die Unterseite gebräunt ist, das heißt braune Flecken zeigt. Während des Backens die Pfanne hin- und herschütteln, damit der Fladen nicht anbrennt. Den Fladen umdrehen und in gleicher Weise ¾—1 Minute backen.

Wenn Sie den Fladen während des Backens mit einem zusammengefalteten Tuch kurz andrücken, bilden sich eher kleine (erwünschte) Bläschen, die das Brot locker machen.

Das fertige Brot sofort servieren oder in ein Tuch wikkeln, eventuell bei 50°C im Backofen warm halten.
Nach Belieben die Fladen vor dem Servieren mit etwas Butter bepinseln.
Chapatis sollten möglichst frisch zubereitet und warm serviert werden. Sie werden sonst hart bzw. ledrig und schmecken nicht mehr gut. Sie können aber auch einen Vorrat backen und tiefgefrieren. Bei Bedarf (in Alufolie verpackt) bei 150°C im Backofen etwa 5—10 Minuten aufbacken.

Gefülltes Fladenbrot

Für 4 Fladen:

200 g Weizen, fein gemahlen
⅓ TL Salz
¼ TL gemahlener Koriander
12 g Hefe
120 g Wasser
2 EL Öl
Vollkornmehl zum Ausrollen

Für die Füllung:
80 g Zwiebeln
150 g Lauch
2 EL Öl
1—2 EL Wasser
100 g Schafskäse
⅓ TL gemahlener Kreuzkümmel
1 Prise Cayennepfeffer

Zum Bestreichen:
Milch

Für das Blech:
Butterschmalz
Vollkornmehl

Aus den Teigzutaten, wie in dem Rezept »Arabisches Fladenbrot« (s. Seite 201) beschrieben, einen Hefeteig zubereiten. Der Koriander wird unter das Mehl gemischt, das Öl erst zugefügt, wenn alle Zutaten verknetet sind. Den Teig gut 20 Minuten gehen lassen.

Inzwischen für die Füllung die Zwiebeln grob würfeln und den Lauch in Streifen schneiden. Das Öl erhitzen, zunächst die Zwiebeln, dann den Lauch und das Wasser zugeben. Das Gemüse zugedeckt knapp weich dünsten, abkühlen lassen. Den Käse zerbröckeln und mit den Gewürzen unter das Gemüse mischen.

Den gegangenen Hefeteig nochmals kurz kneten und in 4 gleich große Teile schneiden. Jedes Teigstück zu einem Fladen von etwa 18—20 cm Ø ausrollen. Jeweils eine Hälfte der Teigfläche mit der Füllung belegen und den Fladen zusammenklappen. Die Ränder gut zusammendrücken.

Die Fladen auf ein leicht gefettetes, mit Mehl bestäubtes Blech legen und erneut etwa 15 Minuten gehen lassen. Mit Milch bestreichen und im vorgeheizten Backofen bei 200°C etwa 25 Minuten backen.
Warm servieren.

Varianten für die Füllung:
100 g Zwiebeln würfeln, in 1—2 EL Öl dünsten und ⅛ TL gemahlenen Kardamom, ¼ TL gemahlenen Kreuzkümmel, 1 Msp gemahlenen Pfeffer, 1 Prise Zimtpulver und 1 Prise geriebenen Muskat unterrühren. Knapp 150 g Tomaten sehr fein würfeln und mit den Zwiebeln und 150—200 g grob pürierten Kichererbsen vermengen. Alles mit etwa ⅓ TL Salz abschmecken und nach Belieben mit Cayennepfeffer schärfen.

Statt der Kichererbsen können Sie auch gekochte weiße Bohnen verwenden. In diesem Fall ⅓ TL gemahlenen Koriander, ½ TL Paprikapulver und ¼ TL Piment unter die Zwiebeln mischen. Im übrigen wie oben beschrieben vorgehen.

Türkisches Fladenbrot

(Foto Seite 32)

Für 2 Fladen:

500 g Weizen, fein gemahlen
1 TL Salz
30 g Hefe
310 g Wasser
2 EL Öl
Vollkornmehl zum Ausrollen

Für den Belag:
1 Eigelb
1 EL Öl
Sesam

Für das Blech:
Butterschmalz

Einen Hefeteig zubereiten (s. Rezept »Arabisches Fladenbrot mit Tasche«, s. Seite 201). Das Öl erst zugeben, wenn alle übrigen Zutaten gut vermengt sind. 20 Minuten gehen lassen. Nach der Teigruhe den Teig noch einmal kurz zusammenkneten.
Die Teigmenge halbieren. Jedes Teigstück wieder rund formen und zu ovalen Fladen ausrollen (etwa 17 × 30 cm). Die Fladen auf ein gefettetes Blech legen. Mit den Fingern die Mitte etwas abflachen bzw. Mulden eindrücken.
Das Eigelb mit dem Öl verrühren und die Fladen damit bestreichen. Die Sesamkörner darüberstreuen. Das Brot nochmals etwa 15 Minuten gehen lassen. In dem auf 250°C vorgeheizten Backofen (mittlere Schiene), etwa 12—13 Minuten backen.

Gebratene Teigtaschen mit indischer Kartoffelfüllung

In Indien sind kleine, kegelförmige Pasteten mit einer würzigen Kartoffelfüllung eine Köstlichkeit. Sie werden üblicherweise in Fett fritiert.
Hier eine Variante mit Teigdreiecken, die mit wenig Fett in einer Pfanne gebacken werden können.

Für 12 Teigtaschen:

1 Rezeptmenge Teig für Indisches Fladenbrot (s. Seite 204)
Vollkornmehl zum Ausrollen

Für die Füllung:
200 g gekochte Kartoffeln
60 g Zwiebeln
3 EL Öl
⅓ TL Kurkuma
¼ TL gemahlener Koriander
1 Msp gemahlener Kreuzkümmel
1 Prise gemahlener Kardamom
1 Prise Cayennepfeffer
¼ TL Salz
1 TL Zitronensaft
1—2 EL gehackte Petersilie
1 TL feingeraspelter frischer Ingwer (nach Belieben)

Zum Braten:
Kokosfett

Den *Chapati*teig zubereiten und ruhen lassen.
Die Kartoffeln in sehr kleine Würfel schneiden. Die Zwiebeln fein würfeln und in dem Öl andünsten. Die Gewürze und das Salz untermischen und die Kartoffeln zugeben. Unter Wenden etwa 3 Minuten braten. Zum Schluß den Zitronensaft, die Petersilie und den Ingwer unterziehen.
Den *Chapati*teig in 6 Teile schneiden. Die Teigstücke wieder rund formen und zu Kreisen von 14—15 cm Ø ausrollen. Die Kreise halbieren. Auf die Teighalbkreise die Füllung verteilen (jeweils etwa 1 TL) und sie zum Dreieck zusammenklappen. Die Ränder gut zusammen-

Afghanischer Pudding (Rezept Seite 193) und ▷
Aromatischer Reispudding (Rezept Seite 196)

drücken und die gefüllten Dreiecke vorsichtig etwas flachdrücken.
Etwas Kokosfett in einer Pfanne erhitzen und die Teigtaschen auf jeder Seite etwa 3—5 Minuten goldbraun braten.

Dazu paßt: ein Joghurt-Kräuter-Dip (s. Seite 186).

Gebratene Teigtaschen mit afghanischer Lauchfüllung

Für 8 Teigtaschen:

1 Rezeptmenge Teig für Indisches Fladenbrot (s. Seite 204)
Vollkornmehl zum Ausrollen

Für die Füllung:
200 g Lauch
100 g Kartoffeln
2—3 EL Öl

3—5 EL Wasser
frischgemahlener Pfeffer
1 Prise Cayennepfeffer
¼ TL Salz

Zum Braten:
Kokosfett

Zum Servieren:
250 g Joghurt
1 Prise Salz

Den Fladenbrotteig zubereiten und ruhen lassen.
Inzwischen für die Füllung die Lauchstangen zweimal längs teilen und in schmale Streifen, die geschälten Kartoffeln in kleine Würfel schneiden.
Das Öl erhitzen, die Kartoffeln etwa 3 Minuten anbraten, dann den Lauch zugeben und das Wasser angießen. Das Gemüse zugedeckt noch etwa 5 Minuten garen, bis es weich ist. Mit den Gewürzen und dem Salz abschmecken.
Den Teig zu einer Rolle formen und diese in 8 Stücke teilen. Jedes Teil zu einer Kugel formen und zu einem Fladen von 12—13 cm Ø ausrollen. Auf jeweils eine Hälfte

◁ *Gefülltes Grießgebäck* (Rezept Seite 225) *und*
Reisplätzchen (Rezept Seite 226)

eines Fladens ⅛ der Gemüsefüllung geben und die andere Teighälfte darüberklappen. Die Teigränder mit einer Gabel zusammendrücken. Die gefüllten Teigtaschen leicht flachdrücken.
Etwas Kokosfett in einer Pfanne erhitzen und die Teigtaschen auf beiden Seiten goldgelb braten.
Den Joghurt cremig rühren und getrennt zu den Teigtaschen servieren.

Kürbiskuchen

Kürbis findet im Nahen Osten auch als Pastetenfüllung Verwendung. Hier ein Rezept, in dem sich die beliebte Kombination von Kürbis und Tomate wiederfindet. Statt einer Pastete habe ich einen nicht ganz so teigreichen Gemüsekuchen gewählt.

Zu beachten:
Ruhezeit für den Teig: 2 Stunden

Für eine Springform von 26—28 cm Ø:
225 g Weizen, fein gemahlen
½ TL Salz
90 g weiche Butter
1 Ei
50 g Wasser
Vollkornmehl zum Ausrollen

500 g Kürbis
etwa 350 g Tomaten
2 Eier
100 g saure Sahne
½ TL Salz
½—1 TL getrocknete Minze
1 EL feingemahlener Weizen
80 g geriebener Käse (alter Gouda oder Emmentaler)

Für den Belag:
100 g Zwiebeln
1—2 EL Öl

Für die Form:
Butter

Das Mehl in eine Schüssel geben und das Salz untermischen. Die restlichen Zutaten zufügen und alles mit dem Handrührgerät zu einem geschmeidigen Teig verkneten.

Den Teig zugedeckt 2 Stunden oder länger im Kühlschrank ruhen lassen.
Für den Belag die Zwiebeln würfeln und in dem Öl glasig dünsten. Den Kürbis grob raspeln, die Tomaten in Scheiben schneiden.
Die Eier mit der Sahne verquirlen, das Salz, die Minze und das Mehl unterrühren.
Den gekühlten Teig ausrollen und eine gefettete Springform damit auslegen, dabei einen Rand mitformen.
Den Kürbis und die Zwiebeln mit der Eiersahne vermengen und die Masse auf dem Teigboden verteilen. Den Belag glattstreichen und dicht mit Tomatenscheiben belegen. Den Käse darüberstreuen.
Im vorgeheizten Backofen auf der untersten Schiene bei 220°C etwa 50 Minuten backen.

Spinatpastete

Für 1 Springform von 26 cm Ø:

Für den Teig:
1 Rezept Strudelteig
(s. Seite 218)
Vollkornmehl zum Ausrollen

Für die Füllung:
750 g Spinat
150 g Lauch
2 EL Öl
1 EL feingemahlener Naturreis (wenn erforderlich)

2—3 Eier
½ TL Salz
frischgemahlener Pfeffer
frischgemahlene Muskatnuß
150 g Schafskäse
1—2 EL gehackte Petersilie
1—2 EL gehackter Dill

Zum Bestreichen und für die Form:
60—70 g zerlassene Butter

Den Strudelteig zubereiten und mindestens 1 Stunde Ruhezeit rechnen.

Den gewaschenen und verlesenen Spinat gut abtropfen lassen, am besten trockenschleudern. Dann kleinschneiden oder hacken (nicht zu fein). Den Lauch in Streifen schneiden.
Das Öl erhitzen und den Lauch darin andünsten. Den Spinat zugeben und unter mehrfachem Wenden bei starker Hitze wenige Minuten dünsten, bis er zusammengefallen ist. Falls sich zuviel Saft ansammelt, diesen mit dem Reismehl binden. Abkühlen lassen.
Die Eier verquirlen und das Salz mit den Gewürzen unterrühren. Den Schafskäse zerbröckeln oder grob raffeln.
Die Springform einfetten. Etwa ⅔ der Teigmenge zu einer runden Platte von etwa 33 cm Ø ausrollen. Die Form damit auslegen und einen etwa 3 cm hohen Rand bilden. Mit Butter bestreichen. Den Teigrest zu einem Kreis von etwa 27 cm Ø ausrollen und ebenfalls buttern.
Die Eier, den Schafskäse, das abgekühlte Spinatgemüse und die Kräuter vermengen. Die Masse in die Form füllen. Den Teigdeckel mit der gebutterten Seite nach unten auflegen und die Ränder zusammendrücken. Überstehendes eventuell abrädeln. Die Oberseite mit Butter bepinseln und den Teigdeckel mit einem sehr scharfen Messer in Portionen aufschneiden. So kann der Dampf abziehen und die Pastete läßt sich besser aufteilen. Die Teigoberfläche mit Wasser besprenkeln.
Im vorgeheizten Backofen bei 200—220°C 45—50 Minuten auf der unteren Schiene backen.

Variante:
1. Den Spinat ganz durch Lauch ersetzen.
2. Anstelle des Strudelteigs können Sie auch Mürbeteig verwenden. Das Bebuttern der Teigplatten entfällt dann aber. Die Deckplatte mit verquirltem Ei oder Milch bepinseln und mit der Gabel mehrfach einstechen.

Mürbeteig
(Grundrezept)

Zu beachten: Kühlzeit: 2 Stunden

*250 g Weizen, fein
gemahlen
½ TL Salz
¼ TL gemahlener
Koriander oder ge-
mahlener Kardamom
(nach Belieben)*

*1 Ei
100 g weiche Butter
60 g Wasser*

Das Mehl in eine Schüssel geben und das Salz und gegebenenfalls die Gewürze untermischen (oder eine entsprechende Menge ungemahlener Gewürze mit dem Weizen mahlen). Die übrigen Zutaten zugeben und alles mit dem Handrührgerät zu einem geschmeidigen (weichen) Teig verkneten. Zugedeckt 2 Stunden oder länger im Kühlschrank ruhen lassen.

Hefeteig
(Grundrezept)

*500 g Weizen, fein
gemahlen
1 TL Salz
½ TL gemahlener
Koriander oder ge-
mahlener Kardamom
(nach Belieben)*

*2 Eigelb (oder 1 Ei)
30 g Hefe
240 g Wasser
4 EL Öl*

Das Mehl in eine Schüssel geben, das Salz und gegebenenfalls die Gewürze untermischen (oder eine entsprechende Menge ungemahlener Gewürze mit dem Wei-

zen mahlen). Die Eigelb zugeben. Die Hefe in einem Teil des Wassers auflösen, mit dem restlichen Wasser zum Mehl gießen und alles kurz verkneten. Dann das Öl unterarbeiten. Den Teig etwa 10 Minuten kneten. Er soll geschmeidig sein, aber nicht mehr kleben. Bei Bedarf noch etwas Mehl zufügen (aber Vorsicht: Vollkornmehl quillt nach!).
Den Teig zugedeckt 30 Minuten gehen lassen.
Vor der Weiterverarbeitung den Teig nochmals kurz durchkneten.

Kleine Pasteten mit verschiedenen Füllungen

Pasteten sind typische Spezialitäten aus dem Nahen Osten. Sie werden warm oder kalt, als Vorspeise oder Hauptgericht serviert. Hinsichtlich der Grundteige, der Füllungen und der Formen gibt es zahlreiche Varianten.
Am häufigsten wird ein Strudelteig verarbeitet. Aber auch Hefeteig, Mürbeteig und neuerdings auch Blätterteig finden Verwendung.
Die bekanntesten Füllungen sind Schafskäse, Spinat, Lauch und Hackfleisch. Die kleinen Pasteten werden meist zu Dreiecken, Halbkreisen oder auch zu Rollen geformt. Dabei erinnern die gefüllten halbmondförmigen Hefeteigtaschen an die Piroggen der russischen Küche.

Zu beachten:
Kühlzeit für Mürbeteig: 2 Stunden

Für etwa 13—14 Stück:

½ *Rezeptmenge Hefeteig (s. Seite 213) oder*
1 Rezeptmenge Mürbeteig (s. Seite 213)
Vollkornmehl zum Ausrollen

Für die Füllung:
1 Portion Linsenfüllung, Lauchfüllung, Gemüse-Bohnen-Füllung oder Käsefüllung (s. Seite 215 f.)

Zum Bestreichen:
1 Ei

Den Teig nach dem jeweiligen Grundrezept (Hefeteig/ Mürbeteig) zubereiten und dünn ausrollen (z. B. zu einem Kreis von etwa 36 cm Ø). Teigkreise von 10 cm Ø ausstechen und auf ein mit Backtrennpapier ausgelegtes Backblech legen. Die Füllung darauf verteilen.

Für Halbmonde die Teigstücke zusammenklappen und die Ränder mit den Zinken einer Gabel zusammendrükken.

Für geschlossene Dreiecke die Teigkreise an 3 Seiten hochklappen, in der Mitte zusammenfassen und die Ränder überall fest zusammendrücken. (Dreiecke erhalten Sie auch, wenn Sie den ausgerollten Teig in Quadrate von z. B. 8—9 cm Seitenlänge schneiden und diese zusammenklappen.)

Wenn es Vierecke sein sollen, zunächst 2 gegenüberliegende Seiten hochschlagen und in der Mitte zusammendrücken. Dann die 2 übrigen Seiten zur Mitte hin hochklappen. Alle Ränder gut zusammendrücken.

Die gefüllten Pasteten mit dem verquirlten Ei bestreichen.

In den kalten Ofen schieben und bei 200°C etwa 30—35 Minuten backen. Oder im vorgeheizten Ofen bei 200°C 20—25 Minuten backen (auf mittlerer Schiene). Im letzteren Fall müssen die Hefeteilchen vor dem Backen noch etwa 15 Minuten gehen.

Die Pastetenfüllung:

1. *Linsenfüllung*

250 g gekochte Linsen leicht pürieren. 60 g feingewürfelte Zwiebeln in 1 EL Öl dünsten und unter die Linsen mischen. Mit gemahlenem Pfeffer und Salz abschmecken und nach Belieben 1 zerdrückte Knoblauchzehe unterziehen.

2. *Lauchfüllung*

250 g Lauch in feine Streifen schneiden und in etwas Öl dünsten. Mit ¼—½ TL getrocknetem Thymian (zerrieben) würzen und 60 g gehackte Oliven untermischen.

3. *Gemüse-Bohnen-Füllung*
125 g Gemüse (Paprika, Zwiebeln, Auberginen) kleinschneiden und in etwas Öl und wenig Wasser dünsten. Mit 125 g gekochten Bohnen vermengen. Das Ganze salzen und mit ¼ TL gemahlenem Kreuzkümmel sowie 1 Hauch Cayennepfeffer würzen.

4. *Käsefüllung*
125 g Schafskäse zerbröckeln und 2 EL gehackte Kräuter (Petersilie, Dill und/oder Schnittlauch) untermischen.

Offene Pastetendreiecke mit Käsefüllung

Für etwa 13 Stück:

½ Rezeptmenge Hefeteig (s. Seite 213) oder 1 Rezeptmenge Mürbeteig (s. Seite 213) Vollkornmehl zum Ausrollen

Für die Füllung:
*50 g geriebener Gouda
50 g Quark
50 g Schafskäse, zerbröckelt oder grob geraffelt
1 Ei*

Zum Bestreichen:
1 Ei

Den Teig nach dem jeweiligen Grundrezept zubereiten. Die Zutaten für die Füllung vermischen.
Den Teig dünn ausrollen (z. B. zu einem Kreis von etwa 36 cm Ø). Teigkreise von 10 cm Ø ausstechen und auf ein mit Backtrennpapier ausgekleidetes Backblech legen. Auf die Mitte eines jeden Teigkreises einen gehäuften TL der Käsemasse geben und etwas breitdrücken. Den Teigkreis an 3 Seiten nach innen über die Füllung schlagen, so daß ein Dreieck mit einem 1—2 cm breiten Rand entsteht. Die Teigecken mit den Fingern gut zusammendrücken. Die Mitte bleibt offen.

Die Teigoberfläche mit dem verquirlten Ei bestreichen, die Hefeteilchen noch 15—20 Minuten gehen lassen.
Die Pasteten im vorgeheizten Backofen auf der mittleren Schiene bei 200°C etwa 20—25 Minuten backen.

Käserollen

Für 8 Stück:

½ Rezeptmenge Strudel-
teig (s. Seite 218)
Vollkornmehl zum Aus-
rollen

Für die Füllung:
knapp 150 g Schafskäse
(40 g können durch
körnigen Frischkäse ersetzt
werden)

*2 EL gehackte Kräuter
(Petersilie und/oder Dill)*

Zum Bestreichen und für
das Blech:
zerlassene Butter

Den Strudelteig zubereiten und ruhen lassen.
Für die Füllung den Käse zerbröckeln oder raffeln und gegebenenfalls mit dem Frischkäse und den Kräutern vermengen. Die Käsemenge in 8 Portionen aufteilen und jede Portion zu einer etwa 8 cm langen Rolle formen.
Den Strudelteig ausrollen und 8 Rechtecke von 12 × 16 cm schneiden. Am einfachsten geht das, wenn Sie den Teig nicht im ganzen ausrollen, sondern jeweils ¼ der Teigmenge zu einer länglichen Rolle formen und daraus ein Rechteck von etwa 24 × 16 cm bilden. Die Längsseite dann einmal durchteilen.
Die Teigstücke mit zerlassener Butter bestreichen. Jeweils auf die Schmalseite eines Teigstreifens 1 Portion Füllung (in Form einer Käserolle) geben. Dabei einen

Rand von 1—2 cm freilassen. Diesen unteren Rand über die Füllung legen, die Ecken einschlagen und das Ganze fest aufrollen. Die Teigränder gut andrücken. Mit der Nahtseite nach unten auf ein gefettetes Backblech legen. Mit der restlichen Butter bestreichen.
Im vorgeheizten Backofen bei 180°C in 25—35 Minuten schön kroß backen.

Kuchen und Kleingebäck

Strudelteig
(Grundrezept)

Strudelteig ist in den orientalischen Ländern Grundlage für zahlreiches süßes und salziges Gebäck. Er wird in hauchdünnen, fast durchsichtigen Teiglagen fertig zum Kauf angeboten.
Selbstgemachter Strudelteig läßt sich nicht so dünn ausrollen bzw. ausziehen und ist etwa doppelt so dick. Vollkornstrudelteig reißt leicht und läßt sich kaum ausziehen oder verlangt dafür schon viel Geschick bzw. Übung.
In meinen Rezepten wird der Teig nur dünn ausgerollt und gelingt so auch Ungeübten. Die Teigplatten fallen dann nicht so dünn aus, aber das Gebäck hat dennoch einen sehr feinen Geschmack.
Für den Strudelteig benötigen Sie sehr feingemahlenes Vollkornmehl. Wenn Ihre Mühle nicht sehr fein mahlt, sollten Sie etwa 30—50 g Kleie aussieben. Sie können sie später zur Füllung geben.

Zu beachten:
Ruhezeit für den Teig: 1 Stunde

300—350 g Weizen, sehr fein gemahlen
1 Ei
2 EL Öl

knapp 100 g warmes Wasser
40 g Joghurt (2 EL)
1 EL Öl (zum Einölen der Teigkugeln)

Je nach Feinheitsgrad des Mehles etwas Kleie aussieben. Für den Teig werden 300 g Mehl benötigt.

Das Ei, das Öl, das Wasser und den Joghurt mit der Hälfte des Mehles in einer Schüssel mit dem Handrührgerät vermengen. Dann das restliche Mehl unterkneten. Den relativ weichen, zunächst noch etwas klebrigen Teig etwa 10 Minuten von Hand kneten. Durch das Kneten wird er fester. Insgesamt so lange kneten, bis der Teig glatt und geschmeidig ist. Er darf nicht mehr kleben. Bei Bedarf noch etwas Mehl unterarbeiten.

Aus dem Teig zwei Kugeln formen und mit Öl bestreichen. Zugedeckt in einer angewärmten Schüssel oder unter einem angewärmten Topf mindestens 1 Stunde ruhen lassen.

Wenn nur die halbe Rezeptmenge benötigt wird, können Sie die zweite Teighälfte nach der Ruhezeit in den Kühlschrank stellen und später für ein anderes Gebäck verwenden. Der Teig hält sich 2—3 Tage. Vor einer späteren Weiterverarbeitung muß er auf Zimmertemperatur gebracht werden.

Baklava

(Strudelteiggebäck)

Die typisch orientalischen Backwaren sind häufig sehr süß, fettreich und stark gewürzt. Von den Gewürzen her erinnern sie an Weihnachtsgebäck. Oft wird das Gebäck, nachdem es den Ofen verlassen hat, mit einem stark zuckerhaltigen Sirup übergossen oder dick mit Puderzucker bestreut, wodurch es dann erst seine Süße erhält.
Der Anteil Süßungsmittel ist in meinen Rezepten, im Vergleich zu den traditionellen Rezepten, selbstverständlich sehr viel geringer gehalten worden. Eines der bekanntesten Gebäcke ist wohl das Baklava. Für dieses Gebäck muß der Teig sehr dünn ausgerollt werden. Weil dabei kleine Teigflächen einfacher zu handhaben sind, verwende ich eine Springform von 20 cm Ø. Für das ohnehin stark sättigende Nuß- oder Mandelgebäck finde ich diese Menge ausreichend. Falls es Ihnen mengenmäßig nicht reichen sollte, backen Sie einfach 2 Portionen. In diesem Fall könnten Sie natürlich auch (wenn Sie bereits geübt sind) eine große Springform von 26—28 cm Ø verwenden.

Für 1 Springform von
20 cm Ø:
*½ Rezeptmenge Strudelteig (s. Seite 218)
Vollkornmehl zum Ausrollen*

Für die Füllung:
*150 g feingehackte Nüsse oder Mandeln
½—1 TL Zimtpulver (oder nach persischer Variante:
½ TL gemahlener Kardamom)*

1 Msp gemahlene Nelken

Zum Bestreichen:
etwa 70 g zerlassene Butter

Für den Sirup:
*140 g Honig
50 g Wasser
2—3 EL Zitronensaft
1 Msp gemahlener Kardamom (nach Belieben)*

Den Strudelteig zubereiten und ruhen lassen.
Für die Füllung die Nüsse mit den Gewürzen (und gegebenenfalls der ausgesiebten Kleie vom Strudelteigmehl) mischen.
Für das Ausrollen und Vorbereiten der Teigplatten am besten Backtrennpapier zu Hilfe nehmen. 6 Kreise von etwa 22 cm Ø zuschneiden. Den Teig in 6 Stücke teilen und jedes Teil zu einer Kugel formen. Die Teigstücke nacheinander auf dem zugeschnittenen und eventuell leicht bemehlten Papier ausrollen.
Das Prinzip der Herstellung besteht darin, daß jede Teiglage von beiden Seiten mit Butter bepinselt wird.
Die erste Teiglage mit Butter bepinseln und umgedreht, das heißt, mit dem Papier nach oben, in die gefettete Springform legen. Das Papier vorsichtig ablösen. Die zweite Teigplatte in gleicher Weise vorbereiten und auf die erste Platte legen. Die Oberfläche mit Butter bestreichen und ⅓ der Nußmischung (etwa 4 EL) darauf verteilen. Die dritte Teigplatte buttern und auf die Nußmischung legen. Die Oberseite wiederum mit Butter bestreichen und das zweite Drittel der Nußmischung einfüllen. Die vierte Teiglage wie die dritte handhaben und den Rest der Füllung darauf verteilen. Die fünfte und sechste Teiglage wie die erste und zweite verarbeiten. Sie bilden gemeinsam den Teigdeckel. Die Deckplatte, nachdem sie mit Butter bestrichen ist, in Portionsstücke aufschneiden und mit Wasser besprenkeln.
Das Baklava im vorgeheizten Ofen bei 200°C 40—45 Minuten backen (mittlere Schiene).
Inzwischen den Honig mit dem Wasser und dem Zitronensaft verrühren und ganz leicht erwärmen, um eine homogene Lösung zu erhalten. Den fertig gebackenen Kuchen mit dem Honigsirup begießen. Anschließend den Kuchen mehrere Stunden, am besten über Nacht, durchziehen lassen.

Sesamkuchen

Für 1 Backform von
26 cm Ø:
250 g Sesam
40 g Butter
2 Eier
80 g Honig

²/₃ TL Backpulver
100 g Weizen, fein
gemahlen

Für die Form:
Butter

Den Sesam unter Rühren in einer trockenen Pfanne rösten. Abkühlen lassen.
Die Butter zerlassen. Die Eier mit dem Honig und der Butter schaumig rühren und das mit Backpulver vermischte Weizenmehl unterarbeiten. Den Sesam daruntermischen. Den Teig in die gefettete Springform füllen und mit einem nassen Löffel verstreichen.
Auf der mittleren Schiene bei 180°C etwa 20—25 Minuten goldgelb backen.
Sofort in Stücke schneiden.
Abkühlen lassen und mit Schlagsahne servieren.

Kokosnußkuchen

Für 1 Springform von
24 cm Ø:
150 g Kokosflocken
300 g Wasser
3 Eigelb
150 g Honig
2 EL warmes Wasser
220 g Weizen, fein
gemahlen
2 TL Backpulver

½ TL gemahlener
Kardamom
2—3 Msp gemahlene
Nelken
¼ TL Zimt
3 Eiweiß

Für die Form:
Butter
Vollkornmehl

Zunächst die Form einfetten und mit Mehl ausstreuen.
Die Kokosflocken in 2 Portionen mit dem Wasser im Mixer pürieren.

Die Eigelb mit dem Honig und dem warmen Wasser sehr cremig rühren. Die Kokosflocken zugeben und die Masse erneut cremig schlagen.
Das Weizenmehl mit dem Backpulver und den Gewürzen mischen und unter die Ei-Kokosflocken-Creme rühren. Die Eiweiß steif schlagen und unterheben.
Den Teig in die Form füllen. Bei 170°C etwa 60—70 Minuten backen (2. Schiene von unten).

Honigkuchen

Für 1 Kastenform von 25—30 cm Länge:
3 Eigelb
200 g Honig
80 g Öl
6 EL starker schwarzer Kaffee
3 TL Backpulver
1 Prise gemahlene Nelken
⅓ TL gemahlener Piment
⅓ TL Zimtpulver
1 Prise Salz
300 g Weizen, fein gemahlen

100 g ungeschwefelte Rosinen (Weinbeeren)
50 g Zitronat (nach Belieben)
3 Eiweiß

Zum Garnieren:
Mandelhälften

Für die Form:
Butter
Vollkornmehl

Die Eigelb mit dem Honig schaumig rühren. Das Öl, den Kaffee und das mit dem Backpulver und den Gewürzen vermischte Weizenmehl unterrühren.
Die Rosinen kurz in warmem Wasser quellen lassen. Mit dem Zitronat unter den Teig mischen.
Eine Kastenform einfetten und mit Mehl ausstreuen.
Die Eiweiß zu Schnee schlagen und unter den Teig ziehen. Die Masse in die Form füllen. Die Oberfläche mit den Mandeln garnieren. Auf der untersten Schiene bei 160°C 70—80 Minuten backen.
Dazu können Sie Butter servieren.

Basbousa
(Grießkuchen)

Für eine Springform von 26—28 cm Ø:
150 g Butter
75 g Honig
2 Eier
½—1 TL Vanillepulver
330 g Vollweizengrieß
1½ TL Backpulver
100 g Mandeln, gemahlen
200 g Joghurt

Mandelhälften zum Verzieren

Für den Honigsirup:
250 g Honig
100—125 g Wasser
4 EL Zitronensaft (nach Belieben auch mehr)

Für die Form:
Butter

Die Butter mit dem Honig schaumig rühren. Die Eier und das Vanillepulver dazugeben. Grieß, Backpulver sowie Mandeln vermischen und abwechselnd mit dem Joghurt unterrühren.
Den Teig in die gefettete Springform geben. Mit Mandelhälften verzieren und bei 180°C etwa 30—35 Minuten backen (2. Schiene von unten).
Das Wasser mit dem Honig und dem Zitronensaft vermischen und leicht erwärmen (nicht über 40°C), bis eine homogene Lösung entstanden ist. Den Sirup abkühlen lassen und über den fertig gebackenen, noch heißen Kuchen träufeln.
Etwa ½—1 Stunde durchziehen lassen.

Gefülltes Grießgebäck

(Foto Seite 209)

Dieses Gebäck, auch eine Osterspezialität, wird in verschiedenen Formen und mit vielfältigen Füllungen angeboten. Die Grundlage für den Knetteig ist Grieß. Die Füllungen sind Nuß- und/oder Dattelmischungen. Der Teig wird üblicherweise nicht gesüßt, statt dessen wird das fertige Gebäck dick mit Puderzucker bestreut. Hier nun meine Vollwert-Variante:

Zu beachten:
Kühlzeit für den Teig: 2 Stunden

125 g Butter
250 g Vollweizengrieß
80 g Honig
70 g Joghurt (etwa 3 EL)
50 g Weizen, fein gemahlen
Vollkornmehl zum Ausrollen

Für die Füllung:
120 g ungeschwefeltes Trockenobst (z. B. Rosinen, Aprikosen oder Datteln)
120 g Mandeln oder Nüsse
½ TL Zimtpulver (nach Belieben)
2—3 EL Zitronensaft (oder Rum, bzw. Rosenwasser)

Die Butter erhitzen, den Grieß hineinschütten und beides gut miteinander vermischen. Abkühlen lassen.
Den Honig, den Joghurt und das Mehl zufügen und alles kurz zu einem geschmeidigen Teig verkneten. Falls der Teig krümelig ist, noch etwas Wasser oder Joghurt zugeben. Für mindestens 2 Stunden kühl stellen.
Das Dörrobst für die Füllung grob zerkleinern und mit den übrigen Zutaten im Mixer zu einer Paste pürieren. (Wenn Sie keinen Mixer haben, das Trockenobst sehr klein schneiden, die Nüsse/Mandeln mahlen und mit den übrigen Zutaten gut vermengen.) Aus der Füllung 4 Rollen von etwa 18—19 cm Länge formen.
Den Teig in 4 Stücke teilen und jedes Teil zu einem Rechteck von etwa 20 cm Länge und 9—10 cm Breite

ausrollen. Jeweils 1 Portion Füllung auf die Längsseite eines Teigrechtecks legen und einrollen. Die Ränder gut zusammendrücken. Die Rollen mit den Nahtseiten nach unten auf ein mit Backtrennpapier ausgelegtes Backblech legen.
Im Backofen bei 170°C etwa 30 Minuten backen. Etwas abkühlen lassen und schräg in 2—3 cm breite Streifen aufschneiden.

Reisplätzchen

(Foto Seite 209)

Zu beachten:
Ruhezeit für den Teig: 2 Stunden

Für etwa 30 Stück:

200 g Naturreis

125 g Butter
80 g fester Honig
1 Eigelb
½—1 TL gemahlener Kardamom

Zum Garnieren und Bestreichen:
1 Ei
feingehackte Mandeln oder Nüsse

Die Butter mit dem Honig schaumig rühren. Das Eigelb zugeben und das mit dem Kardamom vermischte Reismehl unterarbeiten. Den weichen Teig zugedeckt etwa 2 Stunden im Kühlschrank ruhen lassen.
Aus dem Teig walnußgroße Kugeln formen und auf ein Backblech legen. Jeweils mit den Zeigefingern von der Mitte zum Rand hin zweimal (über Kreuz) Mulden eindrücken, so daß »nomadenzeltähnliche« Gebilde entstehen. Die »Zeltspitzen« können Sie mit einer Mandelspitze oder Nußhälfte krönen. Die Plätzchen mit dem verquirlten Ei bestreichen und mit den Mandeln oder Nüssen bestreuen.
Die Plätzchen auf der mittleren Schiene bei 180°C 15 bis 20 Minuten backen.

Teigtaschen mit Mohnfüllung

Zu beachten:
Ruhezeit für den Teig: 2 Stunden

Für 10—11 Stück:

200 g Weizen, fein gemahlen
75 g Butter
75 g Honig
1 Ei
Vollkornmehl zum Ausrollen

Für die Füllung:
100 g Milch
100 g gemahlener Mohn
1 EL Grieß
1—2 EL Honig
40 g ungeschwefelte Rosinen (Weinbeeren)
½ TL Zimtpulver
1—2 EL feingehackte Mandeln

Zum Bestreichen:
1 Ei

Die Teigzutaten zu einem Knetteig verarbeiten. Den Teig dann 2 Stunden im Kühlschrank ruhen lassen.
Für die Füllung die Milch aufkochen, den Mohn und den Grieß einrühren und ausquellen lassen. Dann die übrigen Zutaten untermengen.
Den Teig ausrollen (z.B. zu einem Kreis von 32 cm Ø). Kreise von 10 cm Ø ausstechen und auf ein mit Backtrennpapier ausgelegtes Blech legen. (Sie können den Teig auch in 10—11 Stücke teilen und jedes Teil zu einem 10 cm breiten Kreis ausrollen.) Jeweils etwa 1 EL Füllung auf die Mitte der Teigkreise verteilen. Den Teig an 3 Seiten nach oben klappen und einen knappen 2 cm breiten Rand über die Mohnfüllung legen, so daß ein offenes Dreieck entsteht. Die Teigecken gut zusammendrücken. Die Teigränder mit dem verquirlten Ei bestreichen.
Im Backofen bei 180°C etwa 20—25 Minuten backen (mittlere Schiene).

Hörnchen
mit Mandel-Sesam-Füllung

Für 16 Stück:

250 g Weizen, fein gemahlen
1 Eigelb
110 g lauwarme Milch
40 g Honig
20 g Hefe
40 g sehr weiche oder zerlassene Butter
Vollkornmehl zum Ausrollen

Für die Füllung:
40 g ungeschwefelte Rosinen (Weinbeeren)
40 g Sesam (nach Belieben geröstet)
40 g gemahlene oder feingehackte Mandeln/Nüsse
¼ TL gemahlener Kardamom
¼ TL Zimtpulver
40 g Honig

Zum Bestreichen und Bestreuen:
1 Ei oder etwas Milch
Sesam

Das Weizenmehl in eine Schüssel geben und das Eigelb zufügen. Die Milch mit dem Honig verrühren und die Hefe darin auflösen. Die Hefemilch zum Mehl gießen. Alles verkneten. Wenn die Zutaten gut vermischt sind, die Butter zugeben. Den Teig insgesamt etwa 10 Minuten kneten und dann zugedeckt 30 Minuten gehen lassen.
Die Zutaten für die Füllung gut vermengen.
Den Hefeteig nach der Ruhezeit nochmals kurz durchkneten. Die Teigmenge dann halbieren. Jedes Teil zu einem Kreis von etwa 25 cm Ø ausrollen. Die Teigplatten wie eine Torte in 8 Dreiecke schneiden. Die Dreiecke mit etwas Füllung belegen und von der schmalen Dreiecksseite her zur Spitze hin aufrollen. Eventuell die Schmalseite beim Einrollen etwas auseinanderziehen. Die Hörnchen auf ein mit Backtrennpapier ausgelegtes Backblech legen. Noch etwa 15—20 Minuten gehen lassen.

Die Gebäckstücke mit dem verquirlten Ei oder der Milch bestreichen und mit dem Sesam bestreuen.
Im vorgeheizten Backofen bei 200°C 15—20 Minuten auf der mittleren Schiene backen. (Oder die Hörnchen ohne Ruhezeit in den kalten Backofen schieben und bei 200°C etwa 25 Minuten backen.)

Vanilleplätzchen

Zu beachten:
Ruhezeit für den Teig: 2 Stunden

125 g Butter
100 g Honig
2 Eigelb
40 g Joghurt (2 EL)
1—1½ TL Vanille-
pulver

250 g Weizen, fein
gemahlen
1 TL Backpulver

Zum Bestreichen:
1 Ei

Die Butter mit dem Honig und den Eigelb schaumig rühren. Den Joghurt und die Vanille zugeben und das mit Backpulver vermischte Weizenmehl nach und nach unterrühren. Den weichen Teig zugedeckt für 1—2 Stunden kühl stellen.
Aus dem Teig bleistiftdicke Rollen von 15 cm Länge formen und diese auf dem Blech zu einer Spirale aufrollen. Vorsichtig mit dem verquirlten Ei bestreichen.
Auf der mittleren Schiene bei 180°C 15—20 Minuten backen.

Register nach Sachgruppen

DESSERTS

Afghanischer Pudding 193
Asure 191
Bananen-Eis mit Ingwer 199
Dörrobstsauce 198
Dörrpflaumencreme 197
Dörrpflaumencreme, sahnige 198
Dörrpflaumen, gefüllt 196
Gefüllte Dörrpflaumen 196
Hirse, süße körnige 198
Indischer Weizengrieß-Pudding 190
Joghurt-Gelee 194
Joghurt mit Walnüssen 194
Kokos-Reis-Pudding 195
Möhrenpudding 200
Noahs Restepudding 191
Obstsalat 189
Pudding, afghanischer 193
Reis-Kokos-Pudding 195
Reispudding, aromatischer 196
Sahnige Dörrpflaumencreme 198
Süße körnige Hirse 198
Weizengrieß-Pudding, indisch 190

GEBÄCK

Arabisches Fladenbrot mit Tasche 201
Arabisches Fladenbrot ohne Tasche 202
Baklava 220
Basbousa 224
Chapati 204
Fladenbrot, arabisch, mit Tasche 201
Fladenbrot, arabisch, ohne Tasche 202
Fladenbrot, gefüllt 205
Fladenbrot, indisch 204
Fladenbrot, türkisch 207
Gebratene Teigtaschen mit afghanischer Lauchfüllung 209
Gebratene Teigtaschen mit indischer Kartoffelfüllung 208
Gefülltes Fladenbrot 205
Gefülltes Grießgebäck 225
Grießgebäck, gefüllt 225
Grießkuchen 224
Hefeteig, Grundrezept 213
Hörnchen mit Mandel-Sesam-Füllung 228
Honigkuchen 223
Indisches Fladenbrot 204
Käserollen 217
Kokosnußkuchen 222
Kürbiskuchen 210
Mürbeteig, Grundrezept 213
Pastetendreiecke, offene, mit Käsefüllung 216
Pasteten-Gemüse-Bohnen-Füllung 216
Pasteten-Käsefüllung 216
Pasteten, kleine, mit verschiedenen Füllungen 214
Pasteten-Lauchfüllung 215
Pasteten-Linsenfüllung 215
Reisplätzchen 226
Sesamkuchen 222
Spinatpastete 211
Strudelteiggebäck 220
Strudelteig, Grundrezept 218
Teigtaschen, gebraten, mit afghanischer Lauchfüllung 209
Teigtaschen, gebraten, mit indischer Kartoffelfüllung 208
Teigtaschen mit Mohnfüllung 227
Türkisches Fladenbrot 207
Vanilleplätzchen 229

GEMÜSE

Äpfel, gefüllt 95
Arabische Möhren 75
Auberginen, gebacken, mit Birnen 89
Auberginen, gefüllt, auf türkische Art 87
Blumenkohlklößchen in aromatischer Zwiebelsauce 110
Blumenkohl und Kartoffeln in Kardamom-Mandel-Sauce 83
Gebackene Auberginen mit Birnen 89
Gedünsteter Lauch mit Pflaumen 78
Gefüllte Äpfel 95
Gefüllte Auberginen auf türkische Art 87
Gefüllte Kartoffelplätzchen 106
Gefüllte Salatblätter 97
Gefüllte Tomaten 99
Gefüllte Weinblätter 97
Gefüllte Zucchini auf arabische Art 92
Gefüllte Zucchini auf persische Art 86
Gemüsebratlinge 104
Gemüsebratlinge in Rahmsauce 108
Gemüse mit Kokosnuß 80
Gemüseragout auf griechische Art 73
Gemüseragout auf türkische Art 72
Gemüseragout einfach 73
Grüne Bohnen mit Nüssen 71
Gurken mit Lauchzwiebeln 82
Imam Bayildi 87
Kartoffelplätzchen, gefüllt 106
Kartoffel-Zwiebel-Curry 84
Kartoffel-Zwiebel-Ragout 79
Kohlrabi mit Haferfüllung 102
Kohlrollen mit Kartoffel-Füllung 100
Kürbisgemüse auf türkische Art 77
Kürbisgemüse mit Tomaten 77
Kurkuma-Kartoffeln 85
Lauch, gedünstet, mit Pflaumen 78
Lauchröllchen 94
Lauch-Sellerie-Gemüse 74
Möhren, arabisch 75
Ratatouille auf indische Art 76
Salatblätter, gefüllt 97
Sellerie-Lauch-Gemüse 74
Tomaten, gefüllt 99
Weinblätter, gefüllt 97
Weißkohlauflauf 103
Wirsingrollen mit Möhrenfüllung auf indische Art 91
Zucchinibratlinge 107
Zucchini, gefüllt, auf arabische Art 92
Zucchini, gefüllt, auf persische Art 86
Zwiebelbratlinge 105
Zwiebel-Kartoffel-Curry 84
Zwiebel-Kartoffel-Ragout 79
Zwiebeln auf griechische Art 81

GETREIDE

Ägyptische Tomatenhirse 117
Gelber Reis 122
Gerste, grüne 118
Gerste mit Zwiebeln 128
Getreidebällchen in indischer Sauce 141
Getreidebraten mit Grüne-Bohnen-Füllung 142
Getreidebratlinge, arabisch gewürzt 138
Getreidebratlinge auf griechische Art 137
Getreidebratlinge auf türkische Art 137
Getreidebratlinge in Auberginensauce 145

Getreidebratlinge, indisch
 gewürzt 138
Getreide-Joghurt-Köfte 135
Getreideklößchen in griechischer
 Zitronensauce 138
Getreideklößchen in Spinatsauce
 mit Pflaumen 144
Getreide — Kochen, Grund-
 rezept 115
Getreide-Nuß-Braten 140
Getreiderolle, orientalisch 132
Gewürzter Reis auf afghanische
 Art 120
Gewürzter Reis auf arabische Art
 121
Grüne Gerste 118
Grünkern mit Broccoli 129
Grünkern mit Broccoli, indisch
 129
Hafer-Kichererbsen-Topf mit
 Möhrenpüree 130
Hafer-Pilaw mit Minze 123
Hirsetopf, bunter 127
Joghurt-Getreide-Köfte 135
Joghurt-Getreide-Köfte ohne
 Gemüse 136
Kichererbsen-Hafer-Topf mit
 Möhrenpüree 130
Kokosnuß-Reis 119
Linsen-Reis-Topf mit Auberginen-
 püree 124
Nudelteig, Grundrezept 147
Orientalische Getreiderolle 132
Reis, gelber 122
Reis, gewürzt, auf afghanische
 Art 120
Reis, gewürzt, auf arabische Art
 121
Reis-Linsen-Topf mit
 Auberginenpüree 124
Teigbeutel mit Bohnenfüllung 151
Teigtaschen mit Gemüsefüllung
 149
Teigtaschen mit Gemüsefüllung,
 türkisch 150

Teigtaschen mit Käsefüllung 148
Tomatenhirse, ägyptisch 117
Weizen mit Gemüse und Schafs-
 käse 131
Weizen-Nuß-Pilaw 122
Weizentopf mit Spinat und
 Bohnen 125

HÜLSENFRÜCHTE

Bohnen-Lauch-Auflauf 168
Bohnen mit Möhren 162
Bohnen mit Sellerie und Oliven
 164
Erbsenklößchen in Tomaten-
 sauce 178
Erbsen mit Zucchini 167
Erbsenpüree 159
Erbsen-Reis-Auflauf mit Möhren
 169
Erbsenrolle mit Gemüse-Nuß-
 Füllung 173
Felafel 171
Gewürzte Linsen 161
Hülsenfruchtbällchen, indisch 172
Hülsenfruchtbällchen in Joghurt
 172
Hülsenfrüchte, Garen von,
 Grundrezept 155
Kichererbsenbällchen 171
Kichererbsenklößchen in Spinat-
 gemüse 176
Kichererbsen mit Spinat 163
Kichererbsen mit Wirsing 165
Kichererbsenrolle mit Zwiebel-
 Pflaumen-Füllung 175
Lauch-Bohnen-Auflauf 168
Linsen, gewürzt 161
Linsenpüree mit Lauch und
 Bohnen 160
Reis-Erbsen-Auflauf mit Möhren
 169
Suppentopf mit Hülsenfrüchten
 und Getreide 157
Weiße Bohnen mit Mangold 166

SALATE

Auberginenpüree 48
Auberginenpüree in Joghurt 49
Blumenkohlsalat auf persische Art 31
Blumenkohlsalat, griechischer 38
Bohnen-Getreide-Salat 47
Broccoli-Sellerie-Salat 34
Fruchtiger Blumenkohl-Salat 38
Gemüsesalat, grüner 37
Getreide-Bohnen-Salat 47
Griechischer Salat, ländlich 35
Grüner Gemüsesalat 37
Grüner Salat mit Oliven 32
Gurken-Joghurt-Salat mit Minze 44
Hummus bi Tahin 45
Israelischer Salat 40
Joghurt-Gurken-Salat mit Minze 44
Kartoffelsalat mit Kräutern 50
Kichererbsensalat mit Sesampaste 45
Kürbissalat 42
Lauch-Tomaten-Salat 39
Möhren-Paprika-Salat 40
Orangen-Rettich-Salat 36
Paprika-Möhren-Salat 40
Radieschen mit Minze 31
Rettich-Orangen-Salat 36
Rote Bete mit Nüssen und Knoblauch 33
Salat, bunter 34
Sellerie-Broccoli-Salat 34
Selleriesalat, bunter 32
Spinatsalat mit Banane 41
Spinatsalat mit Joghurt 36
Tomaten-Lauch-Salat 39
Weiße-Bohnen-Salat 46
Weißkohlsalat mit Paprika und Minze 38
Weizenschrotsalat »Tabbouleh« 43

SAUCEN

Griechische Knoblauchsauce 185
Griechische Zitronensauce 181
Joghurt-Bananen-Dip 187
Joghurt-Blumenkohl-Dip 187
Joghurt-Kräuter-Dip 186
Joghurt-Tomaten-Dip 186
Kalte Tomatensauce 184
Knoblauchsauce, griechisch 185
Tomatensauce 182
Tomatensauce, kalt 184
Tomaten-Zwiebel-Sauce 183
Zitronensauce, griechisch 181
Zwiebel-Tomaten-Sauce 183

SUPPEN

Bananensuppe, indisch 62
Blumenkohlsuppe, türkisch 61
Borschtsch, orientalisch 56
Gemüsesuppe mit Aprikosen 54
Griechische Zitronensuppe 51
Indische Bananensuppe 62
Joghurt-Gurken-Suppe, kalt 54
Joghurtsuppe 53
Kalte Joghurt-Gurken-Suppe 54
Kürbissuppe 63
Linsensuppe mit Spinat 60
Mandelsuppe 59
Möhrensuppe 58
Orientalischer Borschtsch 56
Rote-Bete-Suppe 56
Tomatensuppe mit Banane 57
Türkische Blumenkohlsuppe 61
Zitronensuppe, griechisch 51

Alphabetisches Register

Ägyptische Tomatenhirse 117
Äpfel, gefüllt 95
Afghanischer Pudding 193
Arabische Möhren 75
Arabisches Fladenbrot mit Tasche 201
Arabisches Fladenbrot ohne Tasche 202
Asure 191
Auberginen, gebacken, mit Birnen 89
Auberginen, gefüllt, auf türkische Art 87
Auberginenpüree 48
Auberginenpüree in Joghurt 49

Baklava 220
Bananen-Eis mit Ingwer 199
Bananensuppe, indisch 62
Basbousa 224
Blumenkohlklößchen in aromatischer Zwiebelsauce 110
Blumenkohlsalat auf persische Art 31
Blumenkohlsalat, fruchtiger 38
Blumenkohlsuppe, türkisch 61
Blumenkohl und Kartoffeln in Kardamom-Mandel-Sauce 83
Bohnen-Getreide-Salat 47
Bohnen-Lauch-Auflauf 168
Bohnen mit Möhren 162
Bohnen mit Sellerie und Oliven 164
Borschtsch, orientalisch 56
Broccoli-Sellerie-Salat 34
Bunter Salat 34

Chapati 204

Dörrobstsauce 198
Dörrpflaumencreme 197
Dörrpflaumencreme, sahnige 198
Dörrpflaumen, gefüllt 196

Erbsenklößchen in Tomatensauce 178
Erbsen mit Zucchini 167
Erbsenpüree 159
Erbsen-Reis-Auflauf mit Möhren 169
Erbsenrolle mit Gemüse-Nuß-Füllung 173

Felafel 171
Fladenbrot, arabisch, mit Tasche 201
Fladenbrot, arabisch, ohne Tasche 202
Fladenbrot, gefüllt 205
Fladenbrot, indisch 204
Fladenbrot, türkisch 207
Fruchtiger Blumenkohlsalat 38

Gebackene Auberginen mit Birnen 89
Gebratene Teigtaschen mit afghanischer Lauchfüllung 209
Gebratene Teigtaschen mit indischer Kartoffelfüllung 208
Gedünsteter Lauch mit Pflaumen 78
Gefüllte Äpfel 95
Gefüllte Auberginen auf türkische Art 87
Gefüllte Dörrpflaumen 196
Gefüllte Kartoffelplätzchen 106

Gefüllte Salatblätter 97
Gefüllte Tomaten 99
Gefüllte Weinblätter 97
Gefüllte Zucchini auf arabische Art 92
Gefüllte Zucchini auf persische Art 86
Gefülltes Fladenbrot 205
Gefülltes Grießgebäck 225
Gelber Reis 122
Gemüsebratlinge 104
Gemüsebratlinge in Rahmsauce 108
Gemüse mit Kokosnuß 80
Gemüseragout auf griechische Art 73
Gemüseragout auf türkische Art 72
Gemüseragout, einfach 73
Gemüsesalat, grüner 37
Gemüsesuppe mit Aprikosen 54
Gerste, grüne 118
Gerste mit Zwiebeln 128
Getreidebällchen in indischer Sauce 141
Getreide-Bohnen-Salat 47
Getreidebraten mit Grüne-Bohnen-Füllung 142
Getreidebratlinge, arabisch gewürzt 138
Getreidebratlinge auf griechische Art 137
Getreidebratlinge auf türkische Art 137
Getreidebratlinge in Auberginensauce 145
Getreidebratlinge, indisch gewürzt 138
Getreide-Joghurt-Köfte 135
Getreide-Joghurt-Köfte ohne Gemüse 136
Getreideklößchen in griechischer Zitronensauce 138
Getreideklößchen in Spinatsauce mit Pflaumen 144

Getreide — Kochen, Grundrezept 115
Getreide-Nuß-Braten 140
Getreiderolle, orientalisch 132
Gewürzte Linsen 161
Gewürzter Reis auf afghanische Art 120
Gewürzter Reis auf arabische Art 121
Griechische Knoblauchsauce 185
Griechische Zitronensauce 181
Griechische Zitronensuppe 51
Griechischer Salat, ländlich 35
Grießgebäck, gefüllt 225
Grießkuchen 224
Grüne Bohnen mit Nüssen 71
Grüne Bohnen mit Nüssen, indisch 72
Grüne Gerste 118
Grüner Gemüsesalat 37
Grünkern mit Broccoli 129
Grünkern mit Broccoli, indisch 129
Grüner Salat mit Oliven 32
Gurken-Joghurt-Salat mit Minze 44
Gurken mit Lauchzwiebeln 82

Hafer-Kichererbsen-Topf mit Möhrenpüree 130
Hafer-Pilaw mit Minze 123
Hefeteig, Grundrezept 213
Hirse, süße körnige 198
Hirsetopf, bunter 127
Hörnchen mit Mandel-Sesam-Füllung 228
Honigkuchen 223
Hülsenfruchtbällchen, indisch 172
Hülsenfruchtbällchen in Joghurt 172
Hülsenfrüchte, Garen von, Grundrezept 155
Hummus bi Tahin 45

Imam Bayildi 87
Indische Bananensuppe 62
Indischer Weizengrieß-Pudding 190
Indisches Fladenbrot 204
Israelischer Salat 40

Joghurt-Bananen-Dip 187
Joghurt-Blumenkohl-Dip 187
Joghurt-Gelee 194
Joghurt-Getreide-Köfte 135
Joghurt-Getreide-Köfte ohne Gemüse 136
Joghurt-Gurken-Salat mit Minze 44
Joghurt-Gurken-Suppe, kalt 54
Joghurt-Kräuter-Dip 186
Joghurt mit Walnüssen 194
Joghurtsuppe 53
Joghurt-Tomaten-Dip 186

Käserollen 217
Kalte Joghurt-Gurken-Suppe 54
Kalte Tomatensauce 184
Kartoffelplätzchen, gefüllt 106
Kartoffelsalat mit Kräutern 50
Kartoffel-Zwiebel-Curry 84
Kartoffel-Zwiebel-Ragout 79
Kichererbsenbällchen 171
Kichererbsen-Hafer-Topf mit Möhrenpüree 130
Kichererbsenklößchen in Spinatgemüse 176
Kichererbsen mit Spinat 163
Kichererbsen mit Wirsing 165
Kichererbsenrolle mit Zwiebel-Pflaumen-Füllung 175
Kichererbsensalat mit Sesampaste 45
Knoblauchsauce, griechisch 185
Kohlrabi mit Haferfüllung 102
Kohlrollen mit Kartoffel-Füllung 100

Kokosnußkuchen 222
Kokosnuß-Reis 119
Kokos-Reis-Pudding 195
Kürbisgemüse auf türkische Art 77
Kürbisgemüse mit Tomaten 77
Kürbiskuchen 210
Kürbissalat 42
Kürbissuppe 63
Kurkuma-Kartoffeln 85

Lauch-Bohnen-Auflauf 168
Lauch, gedünstet, mit Pflaumen 78
Lauchröllchen 94
Lauch-Sellerie-Gemüse 74
Lauch-Tomaten-Salat 39
Linsen, gewürzt 161
Linsenpüree mit Lauch und Bohnen 160
Linsen-Reis-Topf mit Auberginenpüree 124
Linsensuppe mit Spinat 60

Mandelsuppe 59
Möhren, arabisch 75
Möhren-Paprika-Salat 40
Möhrenpudding 200
Möhrensuppe 58
Mürbeteig, Grundrezept 213

Noahs Restepudding 191
Nudelteig, Grundrezept 147

Obstsalat 189
Orangen-Rettich-Salat 36
Orientalische Getreiderolle 132
Orientalischer Borschtsch 56

Paprika-Möhren-Salat 40
Pastetendreiecke, offene, mit
    Käsefüllung 216
Pasteten-Gemüse-Bohnen-
    Füllung 216
Pasteten-Käsefüllung 216
Pasteten, kleine, mit ver-
    schiedenen Füllungen 214
Pasteten-Lauchfüllung 215
Pasteten-Linsenfüllung 215
Pudding, afghanisch 193

Radieschen mit Minze 31
Ratatouille auf indische Art 76
Reis-Erbsen-Auflauf mit Möhren
    169
Reis, gelber 122
Reis, gewürzt, auf afghanische
    Art 120
Reis, gewürzt, auf arabische Art
    121
Reis-Kokos-Pudding 195
Reis-Linsen-Topf mit Auberginen-
    püree 124
Reisplätzchen 226
Reispudding, aromatischer 196
Restepudding 191
Rettich-Orangen-Salat 36
Rote Bete mit Nüssen und
    Knoblauch 33
Rote-Bete-Suppe 56

Sahnige Dörrpflaumencreme 198
Salatblätter, gefüllt 97
Salat, bunter 34
Sellerie-Broccoli-Salat 34
Sellerie-Lauch-Gemüse 74
Selleriesalat, bunt 32
Sesamkuchen 222
Spinatpastete 211
Spinatsalat mit Banane 41
Spinatsalat mit Joghurt 36
Strudelteiggebäck 220

Strudelteig, Grundrezept 218
Süße körnige Hirse 198
Suppentopf mit Hülsenfrüchten
    und Getreide 157

Teigbeutel mit Bohnenfüllung 151
Teigtaschen, gebraten, mit
    afghanischer Lauchfüllung 209
Teigtaschen, gebraten, mit
    indischer Kartoffelfüllung 208
Teigtaschen mit Gemüsefüllung
    149
Teigtaschen mit Gemüsefüllung,
    türkisch 150
Teigtaschen mit Käsefüllung 148
Teigtaschen mit Mohnfüllung 227
Tomaten, gefüllt 99
Tomatenhirse, ägyptisch 117
Tomaten-Lauch-Salat 39
Tomatensauce 182
Tomatensauce, kalt 184
Tomatensuppe mit Banane 57
Tomaten-Zwiebel-Sauce 183
Türkische Blumenkohlsuppe 61
Türkisches Fladenbrot 207

Vanilleplätzchen 229

Weinblätter, gefüllt 97
Weiße Bohnen mit Mangold 166
Weiße-Bohnen-Salat 46
Weißkohlauflauf 103
Weißkohlsalat mit Paprika und
    Minze 38
Weizengrieß-Pudding, indisch
    190
Weizen mit Gemüse und Schafs-
    käse 131
Weizen-Nuß-Pilaw 122
Weizenschrotsalat »Tabbouleh«
    43

Weizentopf mit Spinat und Bohnen 125
Wirsingrollen mit Möhrenfüllung auf indische Art 91

Zitronensauce, griechisch 181
Zitronensuppe, griechisch 51
Zucchinibratlinge 107
Zucchini, gefüllt, auf arabische Art 92
Zucchini, gefüllt, auf persische Art 86
Zwiebelbratlinge 105
Zwiebel-Kartoffel-Curry 84
Zwiebel-Kartoffel-Ragout 79
Zwiebeln auf griechische Art 81
Zwiebel-Tomaten-Sauce 183

HEYNE KOCHBÜCHER

Gesunde Küche und Biokost im Heyne-Taschenbuch.

07/4568

07/4552

07/4454

07/4495

07/4559

07/4459

07/4498

07/4295

HEYNE KOCHBÜCHER

Die größte Kochbuch-Spezialsammlung! Praktisch, handlich, preiswert

07/4500

07/4563

07/4562

07/4553

07/4499

07/4510

07/4551

07/4511